西成 DEEP インサイド

西成DEEP観光マップ
OMO7
星野リゾートOMO7
大和路線
新今宮
大阪環状線
新今宮
動物園前
御堂筋線
あいりん総合センター(閉鎖)
メゾンドヴューコスモ
あいりんシェルター
紀州街道
ホテル東洋 HOTEL TOYO
ホテル東洋
西成労働福祉センター
居酒屋グランマ号
阪堺線
カラオケ居酒屋
堺筋
飛田本通商店街(カラオケ居酒屋)
グランマ号
西成警察署
今池
萩ノ茶屋
萩之茶屋本通商店街
SUPER 玉出
スーパー玉出天下茶屋店
堺筋線
ローレル
三角公園

玉出
TAMADE
居酒屋 グランマ号
50円~
50円
西成
DEEP
インサイド

序章

午前3時の違法露店

2023年4月9日。統一地方選の投開票日の午前3時、「日雇い労働者のまち」として知られる大阪市西成区の釜ケ崎の路上に露店が並びだした。広場やマンションがある一角で、100メートルほどの間にちらほら。午前5時には約20店に増えていた。

このうち半分ほどで、睡眠導入剤や抗不安薬のシートを置いていた。医師の処方によらない無許可販売は、医薬品医療機器法違反などの罪に問われる。医師に処方された薬を露店商に売る行為も、露店商が客に売る行為も犯罪になる。

大阪市や大阪府警が力を入れる「西成特区構想」の治安対策の柱の一つが違法露店への対策だった。特区構想が始まって10年が過ぎ、改善傾向にはあるが、今も摘発が

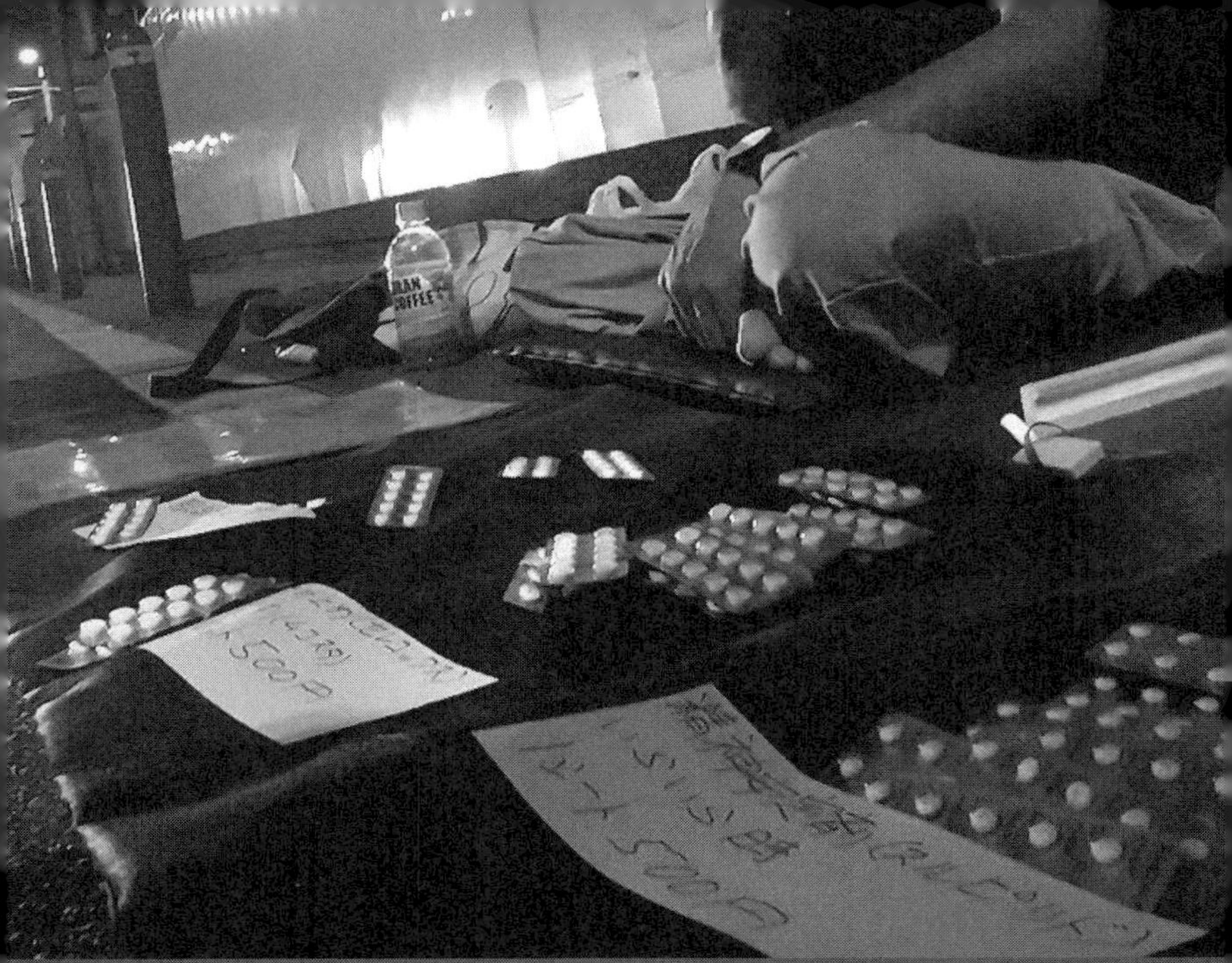

睡眠導入剤などを違法に売買する露店
＝2023年9月2日午前3時57分、西成区

続く。

記者が露店を通りかかると、年配の男性から「薬を売りに来たの？」と呼び止められた。

露店を構える中年の男性に話しかけると、よく知られている睡眠導入剤の売値は「１シート（10錠入りの包装）１千円」という。

午前４時半になると客が増えてきた。「これなら１錠でぐっすり寝られるよ」別の売り手の中年男性にもちかけられ、若い女性が睡眠導入剤を手に取った。

男性に「あっという間に売れちゃうよ」と言われ、女性が２５００円で１

シートを買った。

女性は「○○もある？」と尋ねた。

服用後に脱力感があって乱用につながりやすいとして、販売中止になった睡眠導入剤だ。

横にいた売り手の仲間の男性が「2週間くらい待ってもらったら手に入る。東京から仕入れるから」と告げた。

警察の摘発を恐れてか、午前7時になると店は次々に撤収した。

元暴力団幹部で、現在は生活保護費で暮らす大阪市内の60代男性は数年前、自らが処方してもらった睡眠導入剤を露店で売ったことがある、と明かす。

最近は、路上に薬を並べず薬の受け渡しは車の中でするなど、売り手が摘発を警戒しているという。

12年間で157人の摘発

かつて釜ケ崎の露店は年がら年中、日中に開かれていた。西成署によると、2009

年までは多いときで約３００店が並び、道をふさいでいた。

医師の処方が必要な薬、わいせつな裏ＤＶＤなど、違法な物品を売る店が多かった。賞味期限切れの弁当を売る店もあり、多くの売り手が地域外から来ていた。

西成署は釜ケ崎の露店に絡み、13～24年の12年間、１３６事件で延べ１５７人を摘発した。違法または無許可の商品を販売目的で所持・陳列したとする容疑だ。

商品の内訳は無修正のわいせつＤＶＤが87事件94人、著作権を侵害するコピー商品（主にＤＶＤ）が40事件52人、医師の処方が必要な医薬品が9事件11人だった。ほかに道路の無許可使用で26件を摘発した。

直近の24年は5事件で5人を摘発。出店は目に見えて減っているが一掃はされていない。署によると、今も約20店が並ぶという。

違法露店に対し、地元の人も眉をひそめる。ある住民は「露店は散歩中の楽しみだから続いてほしいけど、睡眠薬の無許可販売とかはあかんよ。のみの市のように雑多な品が並び、売り手と交渉して安く買えるようになるといい」と話す。

本書の構成

この本は朝日新聞の紙面とデジタル版で2023、24年に連載した「西成ディープインサイド」を加筆し、再構成したものです。

1、2章は釜ケ崎で生きるラッパーのSHINGO★西成さん、放浪のすえにたどり着いた居酒屋店主らを紹介。3、4章は特区構想や暴動の内幕を知る人たちが語ります。5章は今、昔の潜入取材の体験談です。6〜8章は変わりゆく街並みや、まちを支える「よそ者」たちの姿をまとめました。9章は24年12月に行われた野宿者の「強制退去」を振り返ります。終章には釜ケ崎で育ったタレントの赤井英和さんの特別インタビューを掲載しています。

※年齢は、原則として書籍発売時のものを記しています。
※掲載写真はことわりがない場合、朝日新聞社の撮影です。著者2人のほか、遠藤真梨、新井義顕、柴田悠貴、小宮路勝、金居達朗、伊藤進之介、筋野健太が撮影しました。SHINGO★西成さんや赤井英和さんの動画は遠藤、西田堅一、井岡諒、木下広大、下地達也、小林孝也が担当しました。ほかにも強制執行の取材、撮影は多くの同僚が関わりました。

contents

第1章

ホームグラウンド

1枚のレコードが中学生の人生を変えた

「泥棒市」と呼ばれた露店

釜ケ崎（あいりん地域）は西成区全体の8・4%にあたり、「大阪で一番ディープな場所」とも呼ばれる。

このまちには、おなじみの光景があった。路上にずらりと並ぶ露店だ。偽ブランド品や違法コピーのDVD、片方だけの靴、使いかけのシャンプー、バナナの房半分……。

何でもありの露店は、全盛期の1980年代、年がら年中、日中に開かれていた。西成署によると、2009年までは多いときで約300店が並び、道をふさいでいた。辺りをうろつく犬も多かった。露店の売り手がえさを与えて手なずけ、抱いて冬の寒さをしのぐ。その犬が通行人にかみついた。

地元の人は「朝市」と呼んだが、盗品も売られているとして、外の人たちは「泥棒

ラッパーのSHINGO★西成さん

市」とも呼んだ。

この露店で、音楽と出会ったミュージシャンがいる。若者を中心に人気のラッパー、SHINGO★西成さん（52）だ。

釜ケ崎で生まれ育ち、通学路には歓楽街の飛田新地《とびたしんち》があった。まちの風景やまちで生きる人々の姿を、歌詞にしてきた。

〝俺は毎日この道歩くねん　今見える景色俺を育んで（中略）玄関開けたらうつぶせのおっちゃん　ここ寝たら風邪ひくで〟

（ILL西成BLUES）

中学1年の時のことだ。レコードやビデオを並べていた露店のおっちゃんに聞いた。「一番イケているのは何なん」

おっちゃんが「これやな」とLPレ

露店でレコードを買った場所で当時を振り返るSHINGO★西成さん

コードを指さした。スティービー・ワンダーの「キー・オブ・ライフ」。偉大なシンガー・ソングライターの最高傑作とも評される名盤だ。ほかのレコードは300円だったが、「帯付きやから500円」と言われた。「帯付きの意味も歌手の名前もわからんままに買ったが、聞いて衝撃を受けた」

高校3年だった90年。西成で暴動が起き、信号待ちのフェアレディZが焼かれるのを見た。

喜怒哀楽がそのまま出る「むきだしのまち」では、毎日違うハプニングに出会う。「人に興味があればこんなおもろいところはない」

大学卒業後、老人福祉施設で8年働いた。ある朝のこと。通勤で急ぐあまり、JR新今宮駅前の階段で転んだおばあちゃんに構わなかった。

「こんなに気持ちにゆとりなくてええんかな。今の自分、まずいんちゃう」。ずっと心にひっかかっていた。

毎週火曜、釜ケ崎での炊き出しボランティアを続けていた。音楽で生きてみたい。そう悩んでいた時、いつも炊き出しに並ぶおっちゃんに言われた。「にいちゃん、やりたいことやれよー。あとで人生、後悔すんなよ」。損得勘定も忖度《そんたく》もない人からの言葉。素直に聞けた。「ラップで生きていこう」と決めた。

人気ラッパーとなった後も釜ケ崎周辺に住み続け、まちの変化を見守ってきた。大阪府、府警、大阪市が進める「西成特区構想」の「環境整備」の大きな柱は、露店と覚醒剤密売への対策などだった。

道をふさぐ露店は、無許可で医薬品を売ろうとしたり、著作権法違反のコピーDVDを扱っていたりした疑いなどで何度も摘発された。今は土日祝日の未明から早朝に20店ほどが並ぶだけだ。

売りたいもんがある人がいて、買いたいもん、見たいもんがある人が集まる。そんな露店のごちゃごちゃ感が好きだった。

昔ながらの味わいは「残したほうがおもろい」と思う一方で、若い人たちが交ざりづらいのでは、とも思う。「露店の運営グループに若い人が入り、やり方を変えたらいい」

交差点の角という角に立っていた覚醒剤の密売人も、めっきり減った。20代半ばだった25年ほど前、新今宮駅前の交差点だけで6～8人くらいの密売人がいた。目が合うと「兄ちゃん、どれくらい（の量）いこ?」と声をかけてくる。断ると、「客ちゃうんか」と怒られる。それが「日常」だった。

一方で、変わらない「日常」もある。釜ケ崎では、都会では失われつつある人間関係が残っている。名前を知らなくても顔はわかる相手にあいさつし、立ち止まって会話する。

過去を捨てて生きている人も多く、本人が言わない限り昔のことは深く聞かない。その独特の距離感が心地いい。

仲間とグループ「西成ウォールアートニッポン（西成ＷＡＮ）」を結成し、２０１５年から釜ケ崎かいわいの壁やシャッターに、スプレーアートを描く活動を始めた。資金はクラウドファンディングで集め、ときには地元の小学生に参加してもらう。作品は14カ所に描かれた。

「おっ、かっこええやん。そう思える壁があちこちにあったら魅力的やん。おれを育ててくれたまちをおれも育ててみたいんだよね」

西成のまちに溶け込むウォールアート

Keyword

◎釜ケ崎

KAMAGASAKI

全国最大の日雇い労働市場があると言われる釜ケ崎は、大阪市の歓楽街ミナミから2キロほどの場所にある。JR新今宮駅南側に位置し、面積は0・62平方キロメートル。西成区全体の8・4％にあたり、地元では「カマ」の通称で呼ぶ人も多い。大阪市は「あいりん地域」の呼称を使っている。

一帯に安宿と飲食店があったため、大正中期から失業者らが集まるようになり、戦後に「ドヤ」と呼ばれる簡易宿所が急増したとされる。

現在は簡易宿所やアパート、支援付き福祉マンションなどが立ち並ぶ。一人暮らしの年配男性が多く、生活保護の受給割合が高い「福祉のまち」でもある。平均寿命は全国平均より大幅に短い。

西成区・釜ケ崎の位置

釜ケ崎の街並み

日雇い労働者らによる相次ぐ暴動で悪化したイメージを改善し、治安対策に取り組むエリアと位置づけるため、大阪府、大阪市、府警の連絡会議で１９６６年、釜ケ崎とは呼ばず、呼称を「あいりん（愛隣）地区」で統一することにした。大阪市は98年から「あいりん地域」の呼称を使っている。

◎違法露店

HOU-ROTEN

釜ケ崎では、２００９年ごろまでは多い日で約３００の露店が並んでいた。雨の日以外は年中、売り手が日中にシートを広げていた。

大阪市が15年４～12月に実態を調査したところ、一番多かったのは7月25日で、１３１店が出店していた。医師の処方が必要な薬、わいせつな裏ＤＶＤなどの違法な品を売る店がほとんどで、多くの売り手が地域外から来ていた。

道の両端に露店が並ぶ日中の釜ケ崎。2011年ごろに撮影された
＝西成区役所提供

大阪府警による繰り返しの摘発の結果、出店数は激減。最近は土日祝日の未明から早朝にかけて20店ほどが出ている。

◎飛田新地
TOBITA-SHINCHI

2階建ての木造建築が並ぶ西成区山王3丁目の歓楽街。大火で焼失した遊郭「難波新地」の代替地として1918年に営業が始まったとされる。戦前から戦後初期にかけての最盛期は約200店が軒を連ね、約2千人の娼《しょう》妓《ぎ》がいたという。58年の売春防止法の完全施行で遊郭が廃止され、遊郭の組合は解散。その後に飛田新地料理組合が結成され、現在は約160店が加盟している。

もともとの大店《おおだな》を半分や4分の1の規模に造り替えた店が多く、風営法に基づく「料亭街」として営業しているが、風俗街ではないかという批判もある。

◎覚醒剤密売
KAKUSEIZAI MITSUBAI

「簡単にシャブ（覚醒剤）を買えるまち」。10年以上前、釜ケ崎周辺には密売人が多く立ち、そう言われていた。

購入者は車やバイクで通りがかりに密売人から受け取っていた。工事現場用コーンや自動販売機の上に隠された小袋を取りに行く購入者もいた。コンビニのトイレには「注射器を捨てるな」と紙が貼られていた。

大阪府警が「浄化作戦」を展開し、この10年で路上の密売人はめっきり減った。府警によると、釜ケ崎が絡んだ違法薬物事件で逮捕・書類送検されたのは2013年に362人、14年に439人だったが、23年は37人。

日中に並んでいた露店が消えた釜ケ崎
＝2023年7月、西成区役所提供

覚醒剤の販売を止める呼びかけ

最近はＳＮＳや簡易宿所などでのやり取りが主流で見えにくくなっているといい、府警薬物対策課の担当者は「密売自体がどれだけ減ったのか。実態はつかみづらい」と話す。

元府警幹部は10年ほど前、密売拠点になっているとの情報を得て簡易宿所の捜索に入った。その瞬間、施設内を流れる音楽が変わったのを覚えている。「踏み込まれたときの合図を決めていたんやろうね」

散歩のコツ5カ条

釜ケ崎で生まれ育ったSHINGO★西成さんに、このまちの散歩を楽しみ、なじむコツを教えてもらった。

①あいさつはハッキリ

このまちの人はよう話しかけてくれる。人なつっこい。あいさつは大事。そこからつながれる。たばことかを求められても、無理なときはハッキリ断らんと。そうせんと逆にもめることもある。

②おっきい声でしゃべろう

人間むき出しのまち。喜怒哀楽を吐き出しやすい。ありのままの自分を出して、笑いたいときに笑えばええ。そうしたら仲良くなれる。

③広がって歩くな

連れと並んで話しながら歩くと、路地ではチャリの邪魔になる。ここらはチャリが多いから。当たり前の気遣いができれば、トラブルになりにくい。

④人好きや人間観察好きならもっと楽しめる

色んなかたちがあるんやなあってわかる。サラリーマン、飲み屋のお姉ちゃん、車椅子のおっちゃん。色んな歩く速度の人が共存ではなく、共生しているまち。人が好きで、人に興味があれば、ここは最高におもろい。

⑤スマホに頼るな

スマホで検索するのもいいが、困ったり迷ったりしたら聞こう。親切に助けてくれるおっちゃんやおばちゃんが多い。それがこのまち。会話も楽しんで。

【西成SAMPO】

SHINGO★西成さんと釜ケ崎を歩く動画「西成SAMPO」をYouTubeで配信しています。QRコードからご覧ください。

https://www.youtube.com/watch?v=ijODZn8KP2A

第2章

漂着した居場所

元横領犯が行きついた「一生住みたいまち」

東京からの逃避行

革命家チェ・ゲバラがキューバ上陸の際に乗った船「グランマ号」。同じ名前の居酒屋が、釜ケ崎にある。

「店名からバリバリの活動家って思われるんですが、元々はただの泥棒ですよ」

カウンターとテーブル席が三つの照明を抑えた店内。作業着で厨房《ちゅうぼう》に立つ店主の宮本信芳さん（63）は笑う。

横浜市出身。大学卒業後に勤めた社会福祉法人を退職後、長くキャバクラ業界で生きてきた。

東京のキャバクラで働いていた2005年。魔がさして店の売上金560万円を横領して逃亡した。名古屋、京都などを転々。お金が底をつきかけ、物価も宿泊費も安い釜ケ崎へ行きついた。

居酒屋「グランマ号」店主の宮本信芳さん。
店内にはチェ・ゲバラののれんが下がる

通称「カマ」と呼ばれる釜ケ崎は「怖いイメージがあり、心細かった」。「新井」という偽名を使い、住み込みでドヤの清掃員をした。

宿泊者のほとんどが生活保護の受給者。部屋で孤独死している人もいた。発見者として警察から事情を聴かれると、氏名や生年月日を少し変えてごまかした。「東京での横領が発覚しないか冷や冷やしました」

たばこ代や食費を削って貯金をし、天ぷらとおでんが人気の居酒屋を引き継いだ。経営は順調で、譲り受けるときに支払った100万円も回収した。

時効を迎えたと思ってホッとし、仕入

居酒屋「グランマ号」の建物の内扉にはのぞき穴がある。
賭場だった頃の名残という

れ用の三輪車で店に向かっていたときのこと。突然、後ろから走ってきた若い男性が追い越して、三輪車を止めた。さらに後ろからやってきた2人の男性に前後を挟まれた。

「おたく宮本さんだよね? 警察だ。何しに来たかわかるよね?」。警視庁に業務上横領の疑いで逮捕された。

「時効の期間を勘違いしていたんです」。単純横領罪は5年だが、宮本さんは店長だったため、時効が7年ある業務上横領罪が適用されたのだ。

警視庁が逃亡先をつかんだのは、宮本さんが空き巣に保険証を盗まれたことがきっかけだった。期限は切れていたが、いざというときに自分が何者かを証明するため、捨てずに取っておいたものだった。保険証の住所は東京都台東区。盗んだ人物が保険証のコピーをつけ、台東区役所に住民票の異動を申し込んだ。

「今から思うと、振り込め詐欺や貧困ビジネスの目的で、私になりすまそうと考えたんでしょう」。区役所から警視庁に連絡がいったという。

「もう逃げることないやろ」

逮捕後に謝罪の手紙を出した相手側の社長から「刑務所に入ることを望まない」との返事があった。

最初に今あるお金をまとめて渡し、残りは月3万円の13年払いで返済することで話がまとまり、不起訴処分（起訴猶予）となった。その間、釜ケ崎で出会った友人らが刑の軽減を求める嘆願署名300人分を集めてくれたことも知った。

釈放されて釜ケ崎に戻った。近所や居酒屋で嫌がられるかと心配していたが、気にせずに自然と受け入れてくれた。

釜ケ崎の「三角公園」で開かれる夏祭りに関わるようになり、カンパのお金を預かることも増えた。預かり金は多いときで20万〜30万円になった。

「かつての横領犯に渡すのはダメですよ」と冗談めかして言うと、仲間からこう返された。「もう逃げるとこないやろ」

15年に居酒屋「グランマ号」を開店した。たばこで停学処分中だった高校2年のとき、ゲバラの伝記を読んで生き様にひかれ、やり直そうという気になった。そのときを思い出し、あこがれの人物を乗せたボロ船の名を店名にし、「新たな人生への出発」という思いを込めた。

店は釜ケ崎に関わる人びとの憩いの場としてにぎわっている。ここではずっと「新井」で暮らしてきたので、実名を知らない客のほうが多い。

店はかつて賭場があったとされる場所。開店当初は常連客らしき男性から「券は買えるのか？」と声をかけられた。奥の倉庫には頑丈な鍵が付いた扉やのぞき窓があり、警察が踏み込んだときに時間稼ぎができるような造りになっている。

「物珍しさやこわいもの見たさでカマをのぞきに来る人がいる。カマに住む人間でも、ときに弱い人がさらに弱い人を非難する。そんな内外の差別はあるけど、それも包容できるまち」。釜ケ崎に漂着し、居続ける理由をこう話す。

「僕が持っている服は3着の作業着だけやけど、それで十分にやっていける楽さがある。一生このまちがいいなって最近、思うんです」

経営する居酒屋「グランマ号」の前に立つ宮本信芳さん

所持金100円、よぎった死
元ホストが「マジで救われた」居場所

さまざまな事情を抱えた人びとが暮らす釜ケ崎。「めざしてたわけじゃないけど、なぜかたどり着いた」。3階建てのシェアハウスの屋根裏で、男性(39)は語り始めた。生活困窮者を支援する認定NPO法人「釜ヶ崎支援機構」が2022年12月にオープンさせた若者向け施設だ。

北海道・函館生まれ。3歳で父が亡くなり、母がうつ病に。児童養護施設に預けられ、18歳まで過ごした。自衛隊、函館と大阪・ミナミのホストクラブで働き、2度の離婚も経験した。

浪費、離婚、離職、深酒、生活苦、そして釜ケ崎へ。男性は自らの境遇について投げやりに言う。「鉄板ルートですよ」

三重県の自動車工場に派遣社員として勤務していた20年5月、コロナ禍で同僚が次々

男性が暮らすシェアハウスの個室。
立っているのは釜ヶ崎支援機構の小林大悟さん

「派遣切り」にあう姿を見た。「自分はそうなる前にとんだ」

10万円を握りしめて釜ケ崎にやってきた。1泊1500円程度の簡易宿所に泊まった。それから約2週間。料金未納でスマホは使えない。頼る人もいない。お金も尽きてきた。「山中で死のうと思った」。キャリーケースを引き、ひたすら歩いた。気づくと10キロ以上離れた大阪府八尾市まで来ていた。コンビニでペットボトルの水を買うと所持金は100円に。

山に着いたのは夕方。死にきれず川沿いに歩き、橋の下で寝た。また歩いて釜ケ崎に戻った。

寝床になる段ボールを探していると、大阪

市が設けている「あいりんシェルター」を見つけた。夜間の路上生活を避けられるよう、緊急避難用に設けている無料施設だ。門前に立っていた職員に話しかけられた。「ゴールデンウィーク中だけど臨時の許可証を出すから」と言ってくれた。

そのままシェルターで2カ月暮らした。その間、無料でWi－Fiが使えるところを探し、スマホでツイッター（現X）に書き込んだ。「死にてぇ」。書き込みを見た人が送金してくれたり、弁当を持ってきてくれたりした。

「助けてほしい」と連絡し……

20年夏、生活保護を申請した。「ホントはちゃんと働きたいですけど、ないと生活できなかった」。その後、清掃や介護、飲食店で仕事をしたが、長続きしなかった。酒浸りになり、放浪したり、逆に家にひきこもったり。酩酊《めいてい》してタクシー運転手や通行人への暴力沙汰で2度逮捕されもした。「すごいひどいことをしてきた」。悔いがつのってばかりの人生だ。

そんなときも辛抱強く寄り添ってくれたのが、釜ヶ崎支援機構の小林大悟さん（38）

シェアハウスの個室に立つ小林大悟さん。
窓は2つで開放感がある

だ。「人に対して信頼や愛着の形成がうまくできない。何より自己肯定感が低く、生きづらさをずっと抱えてきた。今の暮らしの先に、彼らしく生きる道が見つかってほしい」

小林さんは自宅訪問を続けながら、精神科やアルコール依存症の自助グループに通わせ、社会復帰に向けた支援を続けた。

「助けてほしい」。男性は23年8月初め、小林さんに連絡した。しばらく小林さんが訪ねても居留守をつかい、マンションの自室にこもっていた。

このままだと引きこもりから抜け出せなくなる。自力では無理だ――。小林さんと話し合い、8月末から支援機構のシェアハウスに移り、生活保護を打ち切って働くことを決めた。

シェアハウスでは、同じような境遇の若者たちが暮らし、ふだんから顔を合わせて話す。男性は「自分じゃどうにもならないところまできていたが、引っ越して環境は変わった」と語る。

2カ月の公園の清掃の仕事を経て、11月からは焼き肉店で週3、4回働いている。シェアハウスの壁には、家のキャラクターがいくつも描かれ、中央に「ヨ」と記されている。「よりどころ」の意味だという。一部は男性がペイントした。

「ここに来ていなかったら死んでいるか、刑務所の中か。今の自分はイヤだけど、この居場所にマジで救われました」

※男性の暮らしぶりは2023年12月の取材時の状況です。

シェアハウスの壁にはキャラクターと、
「よりどころ」を意味する「ヨ」が記されている

日雇い労働者の最期、見守る思い

何度も目にした粗雑な葬儀

祭壇には顔写真とたばこ、そして甘めの缶コーヒーが供えられている。スタッフ4人が順番に焼香をあげ、棺に花を入れていく。

「安らかな顔だね」「ゆっくりしてね」

「日雇い労働者のまち」として知られる釜ケ崎。サポーティブハウスと呼ばれる支援付き福祉マンション「メゾンドヴューコスモ」に入居していた男性の葬儀が2023年4月にあった。

コスモを営む山田尚実さん(67)は、懐かしそうに笑みを浮かべた。「『ありがとう』って言って、今にも起きてくるよ」

男性は3月、誤嚥《ごえん》性肺炎にかかり79歳で亡くなった。奈良県生まれ。中学を卒業後、大阪の建設現場で日雇い労働者として生きてきた。

入居者の葬儀で手を合わせる「メゾンドヴューコスモ」代表の山田尚実さん（右）
（画像の一部を加工しています）

福祉関係者の紹介でコスモに移り住んだのは20年。内縁の妻に金をとられ、飢え死に寸前の状態だったという。移る前の部屋はごみであふれ、床はゴキブリだらけだった。

男性は自営業で商売をやっていた親から「人には感謝せえ」と教えられ育ったという。朝起きても、怒られても「ありがとう」が口癖だった。１日20〜１００回は言っていたという。

お小遣いを管理してもらっているコスモのスタッフから朝５００円を渡されると、たばこと甘めの缶コーヒーを３本、コンビニで買っていた。自分が飲む以外の残り２本は隣の人やヘルパーにあげてい

「メゾンドヴューコスモ」に入居していた男性の葬儀には、
コスモのスタッフが参列した（画像の一部を加工しています）

た。

食が細くなり、23年2月に大事をとって入院すると、そのまま帰らぬ人になった。スタッフが肉親に連絡すると、「遺骨は引き取らない。任せます」と言われた。

山田さんらは入居者らの葬儀に年10回ほど参列する。元入居者らを含めて、これまで約200人の葬儀に立ち会った。何より冥福を祈りたいという気持ちがある。ほかにもうひとつ、参列する理由がある。きちんとした葬儀かどうかを見届けるためだ。

入居者らの多くは若い頃に家を出て、家族と連絡をとらずに何十年も経つ。死亡時に連絡がとれても、家族の返答は「知らない」だという。

「どんなに困窮していたとしても、路上で孤独な最期を迎えてほしくない。ずっとそう思ってここを運営してきた」と山田さん。

戒名がないのは当たり前

日本の高度経済成長期を支えてきた釜ケ崎。高齢化が進んで生活保護の受給者が増え、「福祉のまち」の性格も帯びつつある。

山田さんの家族は明治時代から代々、釜ケ崎で宿所を経営してきた。7階建ての簡易宿所を改装し、01年からコスモを営む。月3万6千円の家賃で、現在は100人ほどが暮らす。60代以上の高齢者が多く、大半が生活保護の受給者だ。亡くなった男性もそうだった。

身寄りのない生活保護受給者が亡くなった場合、家主や病院長が葬儀を執り行う。大阪市が葬儀会社に上限21万4400円（24年度の規定額）の費用を支払っている。「福祉葬」などと呼ばれる仕組みだ。

山田さんはこれまで、何度も粗雑な葬儀を目にしてきた。戒名がないのは当たり前。祭壇がなかったり、死に化粧がされていなかったり。目や口が閉じられていなかったこともあった。

「一部の業者のことだとは思うが、『身寄りがないから文句を言われないだろうし、行政からお金だけもらって安く済ませよう』という手抜きと捉えられても仕方ない葬儀も見てきた」。気になった点があれば、西成区の担当者に改善を求めてきた。

そもそも葬儀が行われていないケースや、手抜きのケースがあるのではないか――。山田さんのほかにも、複数から疑問の声が寄せられ、大阪市は13年度から、葬儀会社に「証明」を求め始めた。葬儀風景を写した画像と、どの寺院の誰がお経をあげたかを記した書類を提出させている。

「最期に粗雑な送り出され方は許されへん。それが誰であっても」

出棺を見送る「メゾンドヴューコスモ」のスタッフたち

◎チェ・ゲバラ

Che Guevara

1928年、アルゼンチン生まれの政治家、革命家で、本名はエルネスト・ゲバラ。中南米を旅して貧困などの問題を意識するようになり、55年にメキシコでフィデル・カストロと出会う。59年のキューバ革命で中心的役割を担い、新政権では国立銀行総裁などを歴任。65年にキューバを離れ、67年、ボリビアでゲリラ活動中、同国軍に射殺された。

◎三角公園

SANKAKU-KOUEN

釜ケ崎の「へそ」ともいえる場所。正式名称は、萩之茶屋南公園だが、公園の形状から地元の人たちは「三角公園」と呼んでいる。

広さは約2700平方メートルで、大阪市が

テントやごみが激減した釜ケ崎の通称「三角公園」＝西成区役所提供

簡易宿所が集まる西成区・太子＝新今宮ワンダーランド提供

1958年に設けた。テレビやトイレがあり、地域住民や日雇い労働者らが集まる憩いの場所でもある。お祭りやライブの会場にもなっている。

◎簡易宿所
KANNI-SHUKUSHO

「日本最大の寄せ場」と言われる釜ケ崎には、日雇い労働者が安く泊まれる簡易宿所が集中した。簡易宿所は、個室より相部屋の床面積のほうが広く、風呂やトイレ、洗面所などを共用する。

大阪府簡易宿所生活衛生同業組合によると、バブル期の1989年には210軒が立ち並び、約1万9千人が宿泊できるまでになり、約1万6千人が宿泊した。

転機は2000年。求人が減って急増した路上生活者に大阪市が生活保護の受給を促し、多くの受給者がアパートに住み始めた。アパートに転換

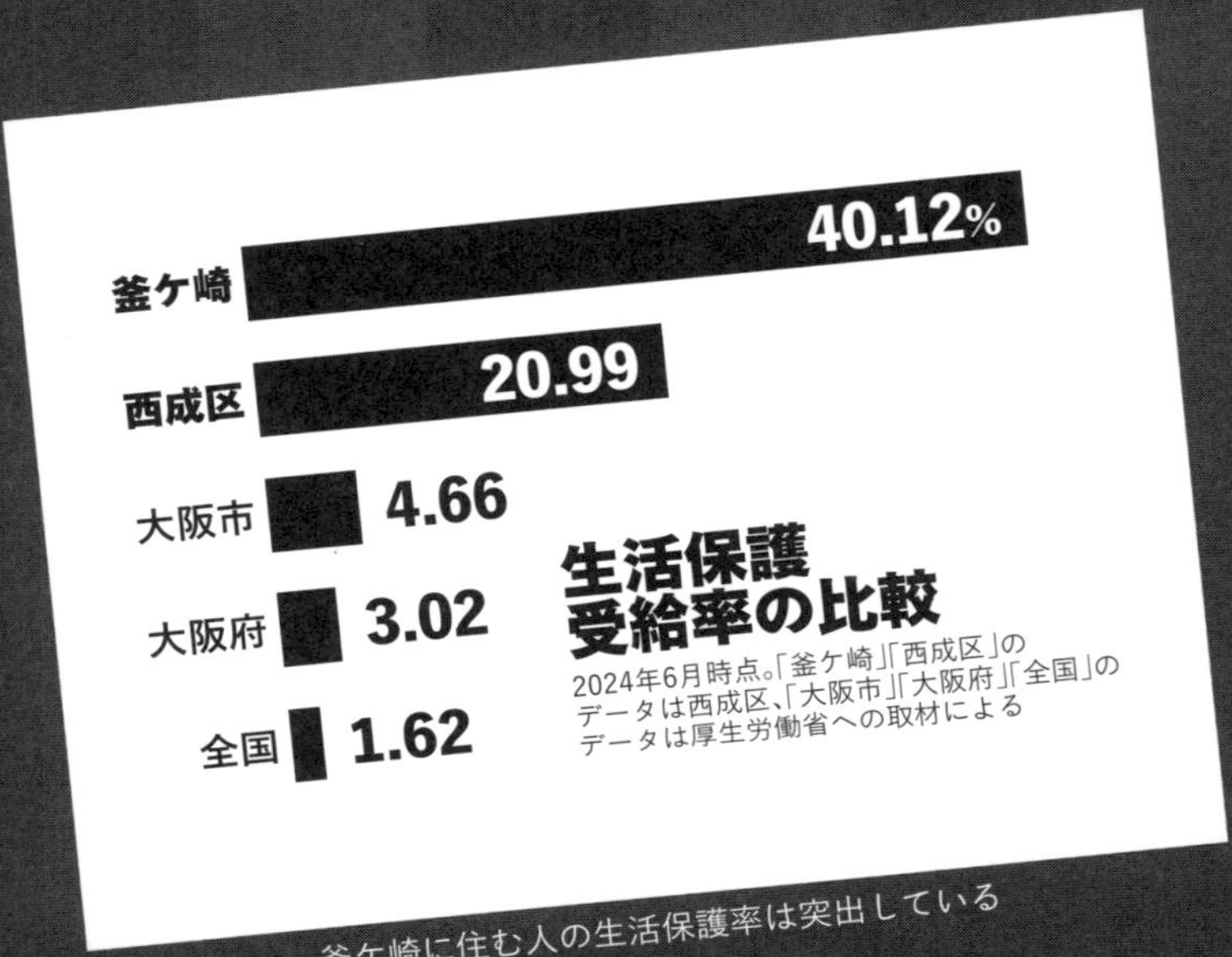

釜ケ崎に住む人の生活保護率は突出している

する簡易宿所が相次ぎ、簡易宿所は10年に102軒まで減少した。

その後も減少傾向が続いたが、インバウンド（訪日外国人客）効果により再び増加に転じ、コロナ前の時点で約70軒が営業していたとされる。

◎生活保護率

SEIKATSU-HOGO RITSU

西成区によると、釜ケ崎に住む人の生活保護受給率は4割超。全国でも突出している。

厚生労働省の2024年6月時点の調査では、大阪府内の受給率は全都道府県で最も高く3・02％。

政令指定都市や中核市ごとに比べると、大阪市の4・66％が最高だった。大阪市内の全区のうち西成区は最も高い20・99％で、なかでも釜ケ崎は40・12％（受給者7373人）だった。

シェルター

SHELTER

住居とお金のない困窮者が夜間の路上生活を避けられるよう、大阪市は釜ケ崎に寝場所となるシェルターを設けている。ベッドのほかシャワーや洗濯機が使え、隣接する居場所棟には机が並ぶ。

今宮シェルターが2000年に、萩之茶屋シェルターが04年にできたが、今宮シェルターは15年に閉鎖。萩之茶屋シェルターは建て替えられ、あいりんシェルターとなり、現在の定員は532人。23年度は延べ4万5352人が利用。1日平均では126人、利用率は23・7％だった。

ピーク時の08年度は、2施設合わせて延べ25万7387人が利用。1日平均では718人、利用率は69％。とくに冬場は整理券をもらう長い列ができた。

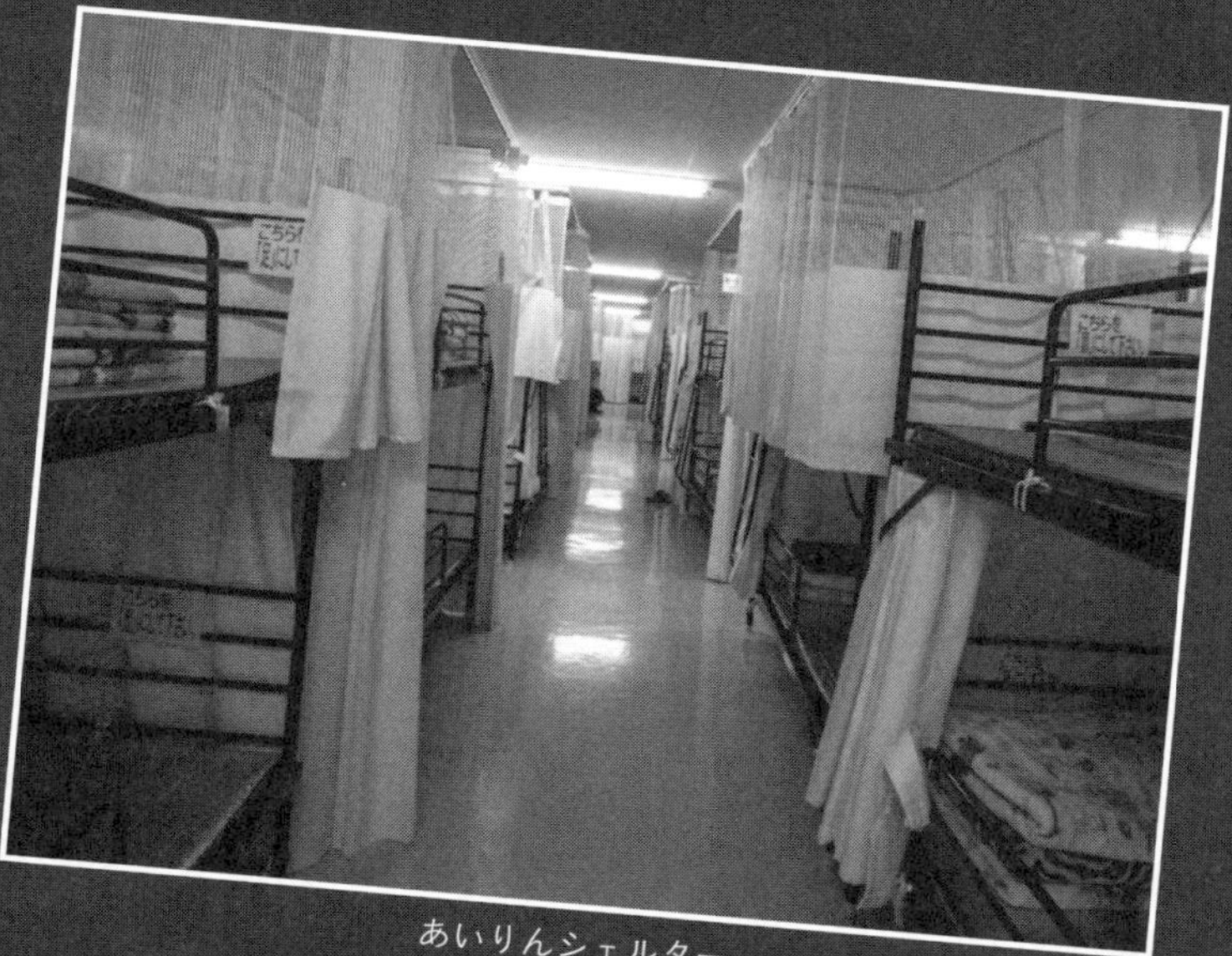

あいりんシェルター
＝新今宮ワンダーランド提供

◎平均寿命

HEIKIN-JUMYOU

厚生労働省によると、市区町村別で調べた2020年時点の平均寿命は、男女ともに西成区が全国で最も短かった。男性は73・2歳（全国平均81・5歳）、女性は84・9歳（同87・6歳）。男女の平均寿命の差も、西成区は全国で最も大きい11・8年（同6・1年）だった。

西成区の担当者によると、釜ケ崎の住民の平均寿命は、西成区全体より短いという。

◎人口減と高齢化

JINKOUGEN &KOUREIKA

5年ごとの国勢調査でみると、釜ケ崎の人口は、

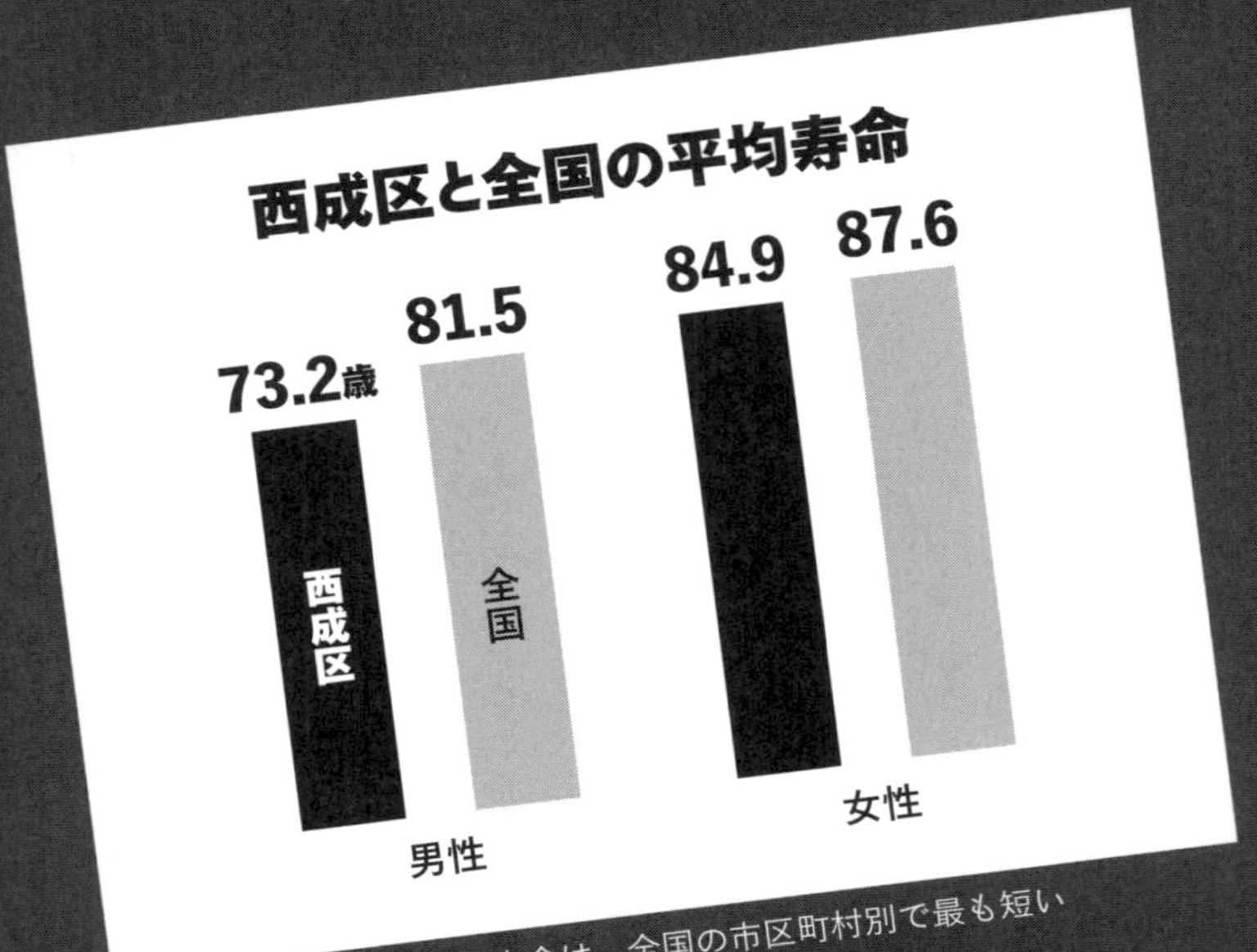

西成区の平均寿命は、全国の市区町村別で最も短い

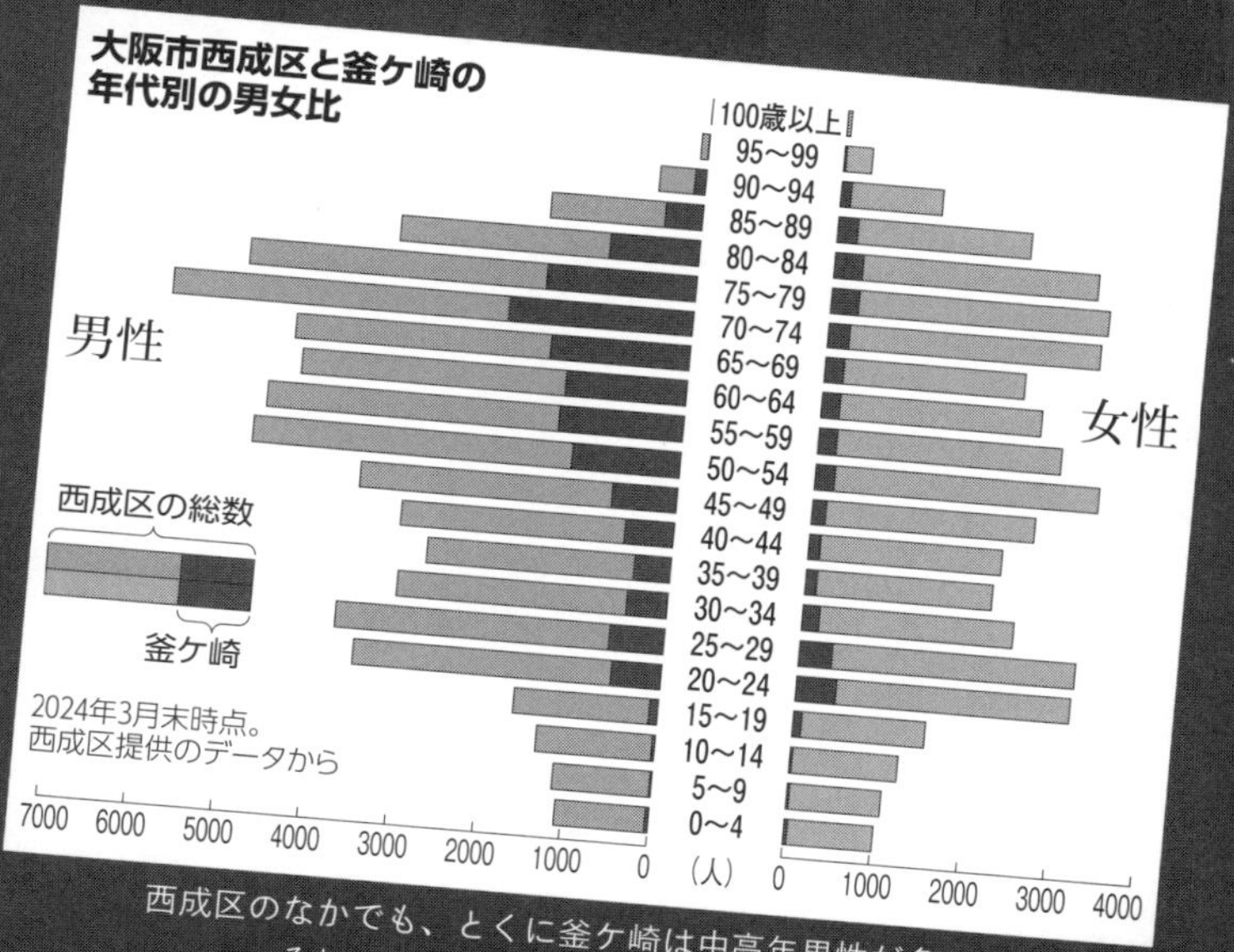

西成区のなかでも、とくに釜ケ崎は中高年男性が多い。
それに対し、女性の割合は極めて低い

1990年は3万745人。2010年には2万5774人、直近調査の20年には2万106人（女性は2割弱の3680人）と減少傾向が続く。

西成区の担当者によると、釜ケ崎は一人暮らしの中高年の男性が多いという。住人の20年時点の平均年齢は60・29歳で、65歳以上が占める高齢化率は4割を超えている。一方、30代までの若年層の割合は12・93％だった。

◉路上生活者

ROJOU-SEIKATSUSHA

大阪市によると、釜ケ崎の路上生活者は、1996年ごろから急増した。阪神淡路大震災の復興作業が一段落し、求人が一気に減ったことが大きかった。市が大阪市立大に委託した調査では、西成区全体で98年夏、1910人の野宿者が確認された。

釜ケ崎の路上生活者は2000年ごろをピークに、生活保護の受給支援や福祉マンションへの移行支援が進んで減り始めた。

同市によると、03年1月時点で釜ケ崎のシェルターとケアセンターで寝泊まりしていたのは788人。他に約200人が路上生活をしていた。24年1月の調査では、シェルターとケアセンターで暮らしているのは185人で、路上生活者は約30人だった。

第3章
西成
特区構想

日雇い歴45年

「アシュラ」が見たカマは「日本の社会問題の縮図」

通称「カマ」と呼ばれる釜ケ崎の「生き字引」がいる。紫色の髪がトレードマークの地域史研究家の水野阿修羅さん（76）だ。学生運動のセクト（党派）対立で狙われ、21歳の時に釜ケ崎にたどりついた。

それからはトラック運転手や工場勤務、建設作業……。1日限りの日雇い、30日以内の期間契約のどちらの日雇い労働も経験してきた。

「阿修羅」は釜ケ崎でついたあだ名だ。過激な描写で話題になった漫画「アシュラ」（ジョージ秋山作）の主人公に似ているとして、定着していった。

1972年には、暴力団とつながって賃金をピンハネ（中抜き）する「暴力手配師」を追放する団体を仲間と結成した。

この年、相手の事務所に乗り込んで抗議したときのことだ。労働者が仕事を求めて

何度もの暴動を経て「要塞化」された西成署の前に立つ水野阿修羅さん

集まる「あいりん総合センター」で拉致されそうになり、危うく難を逃れたが、事態はさらにエスカレート。同センターで木刀などを持った十数人と乱闘になった。

約50人の労働者仲間と取り囲んで「反撃」したが、共謀して暴力を振るったとする傷害罪などで、執行猶予付きの有罪判決を受けた。

50歳のとき、大阪市が委託する特別清掃の指導役になった。65歳で定年退職するまで続けた。

一方、70年代から釜ケ崎の研究を始め、80年代に日本寄せ場学会のメンバーにも加わった。

「指導員も含めたら日雇い歴はざっと45年。色々見てきたなあ。日本が不況になったら真っ先に仕事がなくなるから、釜ケ崎は日本が抱える社会問題の縮図だから」。多様な人がいて、社会

鉄筋工の日雇い労働をしていた40代の頃の水野阿修羅さん
＝本人提供

のひずみがよく見えるまち。釜ケ崎をそう捉えている。

バブル崩壊後、釜ケ崎の人口が減り、高齢化が進んだ。ホームレスが減り、生活保護を受給する人が増えた。高齢の生活保護受給者らの多くが、福祉マンションで暮らすようになった。福祉マンションでは、スタッフが支援や相談対応をするが、部屋で孤独死する人も増えた。

日雇い仕事などをあっせんする「労働福祉センター」を通した求人が減り、ネットで仕事を探す人が増えた。

「どんどん変わっていくが、人付き合いが苦手な人や、過去を捨てた人を受け止めてくれるまちなのは同じ」

２０１１年の東日本大震災も大きな節目になった。復興や除染事業の求人が多くあり、釜ケ崎の労働者の多くが東北に向かった。

「日給や料理、宿舎の条件をあげて人手を集めるでしょう。どんなに待遇が良いかが口コミで広がり、『日雇いの相場』になっていった」

労働者は盆や正月になると、各地の「飯場《はんば》」と呼ばれる工事現場の作業員の拠点施設から戻って情報交換する。「東北での待遇があっという間に広がり、飯場替えが広域で進んだ」。情報交換により労働者が戻ってこなくなるのを心配し、盆や正月も飯場を閉めない業者も出てきたという。

釜ケ崎の人口が減り、福祉マンションの空室も目立ち始めた。目にしたのはマンション前の炊き出しだった。「マンションの多くは食事なしだけれど、炊き出しで人を集めて『うちに入居しないか』と呼び込む。ビール付きもあり、まさに『炊き出しバブル』だった」

「カマ以上におもろいところはない」

13年からは、大阪市の「西成特区構想」が始まった。釜ケ崎を中心に治安や環境の改善が進み、水野さんも「体感治安の変化」を感じている。

「酔って野外で寝込んでいる人がポケットのお金を盗まれたり、路上でひったくりにあったりする被害は何度も見聞きしてきた。この10年でめっきり減ったなあ」

あちこちにいた覚醒剤の密売人も見かけなくなったという。「大きな交差点ごとにいたけど、今は全然見ない。賛否両論あるが、防犯カメラが増えた効果でもある」

外国人旅行者が増え、22年4月には近くに「星野リゾート」が手がける高級ホテルもオープン。まちの変化を感じている。

日雇い労働は引退したが、釜ケ崎を離れようとは思わなかった。魅力は「雑多なおもろさ」と言う。

同じ寄せ場として知られる東京の山谷や横浜の寿町でも一時暮らしたが、「規模が違うし、良くも悪くも雑多な人が集まり、新たな活動や商売も生まれる。カマ以上におもろいところはない」。

「死ぬまでここにいる」と決めている。

釜ケ崎で暮らす人たちが集まる「三角公園」前に立つ水野阿修羅さん。
「この地域の憩いの場」だという

怒号が飛び交う検討会

西成の改革に挑んだ経済学者

「長年にわたって問題が放置され、複雑に絡み合って蓄積してきた地域。まさにミッション・インポッシブルでした」

学習院大教授（社会保障論）の鈴木亘《わたる》さん（54）はそう振り返る。かつて西成特区構想を担う大阪市特別顧問を務めた。

貧困、治安、環境、少子高齢化――。日本最大級の日雇い労働市場があり、様々な社会問題を抱える釜ケ崎をどうするか。課題を改善し、まちを活性化させようとする市の構想が始まって10年以上が経つ。

上智大を卒業後、日本銀行京都支店に配属されてまもなくの1995年、鈴木さんは上司に連れられ、初めて釜ケ崎を訪れた。

バブル崩壊後の不景気だった時期。燃えさかるドラム缶があちこちにあり、ホーム

西成特区構想を担当する大阪市特別顧問を務めた
学習院大教授の鈴木亘さん

レスが炊き出しに行列をつくっていた。ただただ驚いた。

「こういうところに来ないからホンマの景気がわからんのや」

このときの上司の言葉が頭の片隅に残った。98年に日銀を退職し、社会保障、福祉の問題を経済学で解決しようと大阪大大学院に入学。ホームレスや生活保護受給者の実態を知るべく釜ケ崎に通い続けた。

「人と金を使って、えこひいき政策をする」。2012年、橋下徹・大阪市長（当時）がそう宣言し、財政と人材を集中投入して特区構想が始まった。

その後、鈴木さんは思いがけず、大阪維新の会の幹部からリーダー役を打診された。

西成特区構想の進捗状況について報告する大阪市特別顧問（当時）の鈴木亘さん（右端）＝2013年9月10日、西成区、ありむら潜さん提供

政治や行政の経験はない。矢面で批判を受けるのは目に見えている。ただ、当初はホームレスの一掃など弱者排除につながらないかと懸念する住民や支援者が多く、実情をわかる人がやった方がよいと引き受けた。

長年通ううちに知り合った釜ケ崎のガイドを続ける漫画家のありむら潜《せん》さんのほか、まちづくり、ホームレス研究、労働経済、ソーシャルワークといった専門分野を持つエキスパートを集め、「7人の侍」を結成。行政や警察に対する住民側の根強い不信感を払拭《ふっしょく》するため、会議はフルオープンにこだわった。

「府市あわせ（不幸せ）」と揶揄《やゆ》される大阪府と市の対立など、様々な壁が立ちはだかった。鈴木さんは「この地域はどん底の状態。お互いいがみ合っていても、このままでは共倒れする危機感は共通していた」と振り返る。

反対の立場の人とも辛抱強く話し合い、「一歩一歩、ほふく前進」で着地点を探った。こだわったのは「全員参加のまちづくり」だ。

14年9月22日。35人の委員がメンバーとなった第1回「あいりん地域のまちづくり検討会議」の様子が動画投稿サイトに残っている。

「現場に行ったことあるんか」「おまえらに何がわかるんだ」。怒号が飛び交っていた。聴衆らも含め、二百数十人が集まった萩之茶屋小学校の講堂で、町内会、支援者、子育ての代表もいれば、「ここには労働者団体の代表もいれば、町内会、支援者、子育ての代表もいれば、いろんな人がいます。オープンの場で話してもらっています」

「まちの潜在力」を信じる

鈴木さんは会議を続けようと懸命に説得を続けた。その後、会議は6回を重ね、提案書は市長と府知事に手渡された。

その後、住民投票を実施した大阪都構想の否決を受けて橋下市長が退任。鈴木さんも15年11月に特別顧問を退いた。「改革には強烈な反発もあり、誰かが責任をとらないといけなかった」

不法投棄されたごみを回収する清掃業などでホームレスの雇用を生み、子育て世帯を呼び込もうと小中一貫校も新設した。あちこちにいた覚醒剤の密売人は姿を消し、治安も改善した。

鈴木さんは成果を感じる一方で、特区構想の「第二の矢」として掲げていた経済活性化、人口流入がまだまだ進んでいない現状が気になっている。当時、活性化の目玉として考えていた、台湾やタイの夜市のような大規模な観光客向けの屋台村も実現していない。

文教地区にして学生街をつくることも、増加する中国人やベトナム人を巻き込むようなまちづくりもできていないように見える。鈴木さんは「国内外の人を呼び込める種が、この地域にはたくさんある」と話す。

「リアル昭和」ともいえる面白さ、多種多様な人を受け入れる包容力、星野リゾートの進出が象徴する立地のよさ。まちの潜在力を信じているからこそ、もっとよさが伝わればと思っている。

老朽化して2019年に閉鎖されたあいりん総合センター。
大阪市特別顧問だった鈴木亘さんは建て替えの検討を進めた。
24年12月、敷地で野宿していた人たちの強制退去が行われた（→第9章）

「えこひいき」から10年

特区構想で西成はどう変わった?

「日本が抱える問題の縮図」とも評される釜ケ崎。2013年に大阪市による西成特区構想がスタートし、行政と警察が不法投棄の防止や薬物事件の摘発、通学路の安全対策に取り組んできた。どう変わったのか。

釜ケ崎は西成区内にある0・62平方キロメートルの地域で、区全体の1割弱。行政用語で「あいりん地域」とも呼ばれる。

橋下徹・大阪市長(当時)は12年、人や予算を重点的に投入して活性化とイメージアップを目指す意向を示し、「人と金を使って、えこひいき政策をする」と発言。翌年、釜ケ崎を中心とした特区構想が始まった。

同じ西成区でも地域によって受け止め方に差があった。元区幹部は「西成イコールあいりんではないのに、区全体のイメージが悪くなっていると考える区民も少なくな

2016年当時、釜ケ崎の「三角公園」にはテントが並び
ごみが散乱していた＝西成区役所提供

い。あいりんに重点的に予算を投じることはおかしいという声にも配慮する必要があった」と振り返る。

　釜ケ崎の公園にあふれていた不法投棄のごみは目立たなくなった。車道に放置された自転車もめっきり減った。かつては「シャブを買うならカマ」とも言われたが、主要な交差点に立っていた密売人も見かけなくなった。あちこちに防犯カメラも設置された。

　大阪府警によると、釜ケ崎が絡んだ違法薬物事件で逮捕・書類送検された容疑者は13年に362人だったが、23年は37人に激減。摘発の効果に加え、SNSなどを使った密売が中心になったことが背

釜ケ崎の人口、高齢化率、生活保護率の推移

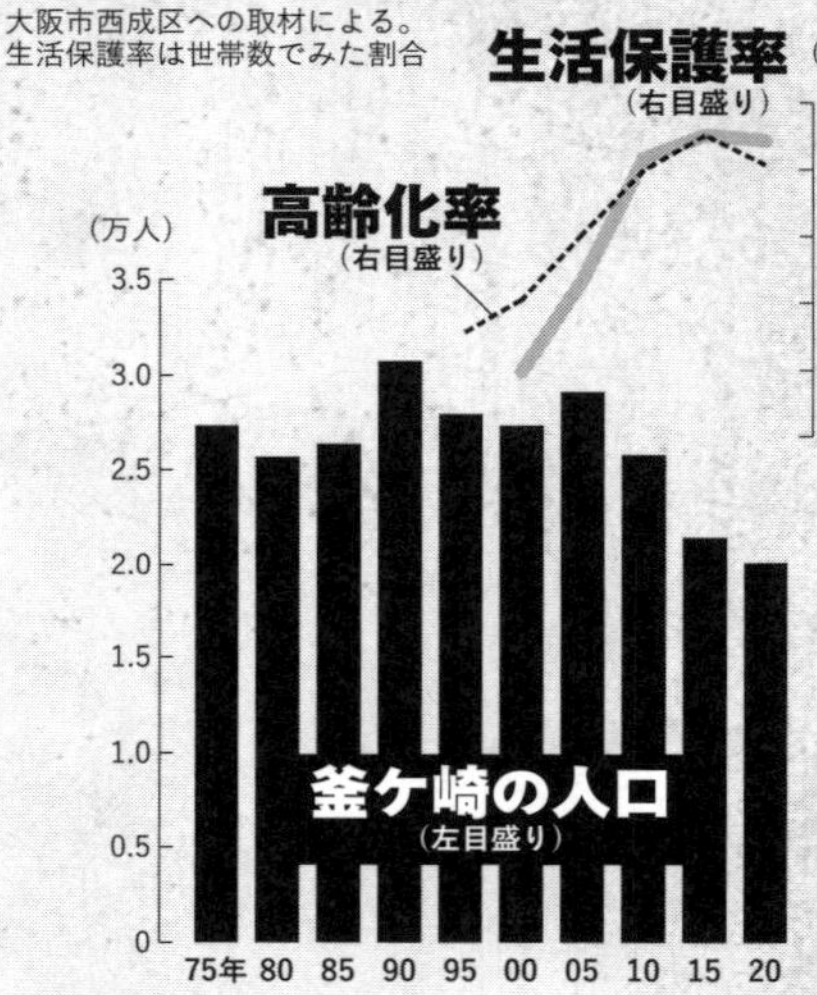

大阪市西成区への取材による。
生活保護率は世帯数でみた割合

釜ケ崎の高齢化率と生活保護率は
バブル崩壊後から上昇した

景にあるとみられる。

通学路の安全対策として、路上の違法露店の取り締まりも強化された。医師の処方が必要な睡眠導入剤や向精神薬、わいせつな裏ＤＶＤなどを売る露店が多かった。

09年ごろまでは多いときで約３００店が並んだが、再三の摘発で今は多いときで約20店に減少。24年6月には無許可で向精神薬を売ろうとしていたとして男が逮捕されるなど、いまも摘発が相次いでいる。

「労働者のまち」としての性格も変わりつつある。

釜ケ崎にある公益財団法人「西成労働福祉センター」が仲介した日雇い（現金日払い）求人数は、23年度は延べ約16万4千人。バブル期だった１９８９年度の約１８７万４千人から激減した。センターを介さないネット求人が増えたことも影響しているという。

バブル期に3万人超だった人口も20年には2万１０６人まで減り、平均年齢は60・

29歳。65歳以上が占める高齢化率は4割を超える。

「貧困ビジネス」が横行

生活保護の受給率は4割を超え、高齢の受給者の多くは、支援者付きの福祉マンションなどで暮らしている。その部屋で死亡し、身寄りがないため、家主らが葬儀を執り行うケースも少なくない。

深刻なのが、平均寿命の低さだ。全国の市区町村別の20年時点の平均寿命は、男女ともに西成区が全国で最も短い。特に男性は73・2歳（全国平均81・5歳）だ。

40年余り日雇い労働者を続け、釜ケ崎の研究をしている地域史研究家の水野阿修羅さんは「福祉、求職、高齢化、孤独死、人口減……。カマは社会のひずみが凝縮された『日本の縮図』だ」と語る。

特区構想が始まって10年以上。まちがきれいになり、外国人バックパッカーも増えたが、課題も多いと受け止めている。その一つが、生活保護受給者らを囲い込む「貧困ビジネス」の横行だ。

他のマンションにいる住人に対し、お金や食事の提供を持ちかけて転居を促し、業者間でトラブルになるケースも出ている。「転居後、体を壊しても支援してもらえないケースも耳にする。行政はこういう部分も丁寧にみないといけない。改革は道半ばだ」

西成特区構想

NISHINARI TOKKU-KOUSOU

西成区の活性化とイメージアップのため、大阪市長だった橋下徹氏が提唱した。野宿生活者の雇用創出や子育て世帯を呼び込む優遇策などを掲げ、特別予算をつけて2013年度から始めた。

当時、橋下氏は大阪市を廃止して特別区に再編する「大阪都構想」の実現を目指しており、大阪市役所内には「西成区とほかの区との合併をスムーズに進めるため、橋下氏が特区構想を持ち出した」との声もあった。

市は大阪府警や府とも連携し、釜ケ崎を中心に治安や環境の改善にも着手。通学路の安全対策として、路上の違法露店の取り締まりも強化した。

5年ごとに計画は更新され、23年度から3期目に入った。大阪市はこれまで特区構想関連で157億円の予算を投じている。

鈴木亘さん編著『脱・貧困のまちづくり「西成特区構想」の挑戦』（2013）

日雇い求人

HIYATOI-KYUJIN

釜ケ崎にある公益財団法人「西成労働福祉センター」は、仕事の紹介のほか、就労の相談や情報提供をしている。

センターが仲介した日雇い求人数は激減した。西成区によると、インターネットも含め、センターを介さない求人が増えたが、全体でみても大幅に減ったとみられるという。

日雇い仕事にあぶれた際に手当を受け取るため、釜ケ崎で仕事を探す人の多くが、あいりん労働公共職業安定所が発行する日雇労働被保険者手帳(通称・白手帳)を持っている。2024年3月末の所持者は484人。ピーク時の1986年の同時期は2万4458人だった。

◎減った犯罪

HETTA-HANZAI

西成区内での犯罪は目に見えて減った。大阪府警によると、区内で把握した刑法犯の件数は2004年は6225件だったが、20年は1千件

南海電鉄の高架下にある西成労働福祉センター
＝新今宮ワンダーランド提供

特別清掃の様子
＝新今宮ワンダーランド提供

台へと減少した。

04年に検挙したのは1389件。把握件数のうち窃盗犯が7割近い4244件で、中でも自転車盗が最多の1206件、続く車上ねらいが642件だった。

23年は把握件数が2251件、検挙件数が702件。把握件数のうち窃盗犯は7割の1594件を占め、自転車盗は760件、車上ねらいは142件だった。

◎特別清掃
TOKUBETSU-SEISOU

1994年に大阪府と大阪市が始めた就労事業。「特掃」の通称で知られている。主に釜ケ崎で暮らす55歳以上の人たちが路上のごみ拾いや除草、施設の塗装や補修などに取り組む。

登録者の輪番制で1カ月に5～6日間ほど働く

ことができる。原則として午前9時15分から午後3時15分までの労働で、1日6500円の収入が得られる。

生活に困窮していたり、野宿を余儀なくされていたりする高齢者らに就労機会と生きがいを与え、結核健診や健康診断を受けて体調管理に努めてもらうのが狙い。

同市によると、2004年度には3100人が登録し、就労者は延べ7万5千人以上に増加。23年度の登録者は900人を下回り、就労者は延べ約5万7千人だった。

釜ケ崎にある防犯カメラ

防犯カメラ BOUHAN CAMERA

西成特区構想が始まり、釜ケ崎の防犯カメラは急増した。西成区によると、特区構想の一環として、釜ケ崎にある小中一貫校の通学路を中心に大阪市が設置し、管理もしている。カメラは2013～15年度に計53台が設置された。

第4章

「暴動のまち」と言われ

西成は「怖いまち」？
誤解と分断、止める漫画家

「日雇い労働者のまち」として知られる釜ケ崎は、かつて「暴動のまち」だった。

1960年代～2000年代にかけ、24回の暴動が繰り返された。

「何度も全国ニュースで釜ケ崎の暴動が報じられ、不幸にもこの一帯が怖いまちという誤ったイメージをもたれてしまった」

2023年9月、かつて暴動で襲撃された交番の跡に立ち、漫画家のありむら潜さん(73)がこう語りかけた。

ありむらさんは、釜ケ崎の歴史や、釜ケ崎近くの繁華街「新世界」の魅力を体感する「新今宮スタディツアー」のガイド役だ。約1時間のツアーでは、簡易宿所や福祉マンションが集まる釜ケ崎を歩き、暴動の背景を学んでもらう。

ありむらさんは、ツアーの参加者に「(暴動によって)釜ケ崎とその周辺の住民の間で

新今宮スタディツアーのガイドをする漫画家のありむら潜さん（左）

分断や対立が起きていた」とも説明。ツアーを通じて、誤解や分断を解消したいという思いも伝えた。

釜ケ崎周辺が娯楽や芸能、商業の拠点だった面も知ってもらうため、通天閣や数々の串カツ店がある新世界も回る。「多様性のある新今宮かいわいを一体として見たほうが、より深く釜ケ崎を理解できる」

そう話すありむらさんは、釜ケ崎にある公益財団法人「西成労働福祉センター」の元職員。1975年から43年間にわたって、日雇い労働者らの相談にのってきた。そのかたわら、釜ケ崎でたくましく生きる労働者「カマやん」を主人公にした漫画を描き、出版を重ねてきた。

ありむらさんらは2004年に「釜ケ崎のま

ありむら潜さんの著書『釜ヶ崎まちづくり絵日誌』(2024)。
「西成特区構想」やインバウンドで変わりゆく状況を活写した

ちスタディ・ツアー」をスタート。24年までに約600回実施され、約6400人が参加してきた。

そんなありむらさんにはある危機感がある。SNS時代の釜ケ崎の伝えられ方だ。一部のユーチューバーがまちの実態とかけ離れた動画を投稿。過激なタイトルをつけて再生回数を伸ばそうとする。

「危ない」「怖い」「はちゃめちゃ」。そんなイメージばかりが広がっていく。

特にひどいと思った動画は、わざと路上に財布を落とし、通りかかった人の反応を隠し撮りする内容だった。

「誤った動画の一番の被害者は地域の子どもたちで、地元に誇りがもてなくなってしまう。発信力のあるユーチューバーの動画を信じがちだが、このツアーで本当のまちを知ってほしいんです」

家族とツアーに参加した大阪府松原市の女性会社員（当時22）は「実際に歩かんとわからないもんですね。いい経験になった」と感想を語った。

「困窮者が多く暴動が繰り返されてきた地域」というイメージはもっていたが、間近で観光的な魅力も味わえるとは思っていなかったという。「ありのままのまちを少しでも体感することで差別も減っていくはず」

新今宮ツアーのチラシのキャッチフレーズは「来たらだいたい、なんとかなる。」だ。釜ケ崎には生活困窮者を支える人たちと仕組みがある。外からふらっと遊びに来ても色々と楽しむことができる。「そんな二つの意味がある言葉。まさにそれがこの地域なんです」とありむらさん。

釜ケ崎を中心に治安や環境の改善に取り組む大阪市の「西成特区構想」が始まって10年以上が経つ。

「確かに治安が良くなり、まちがきれいになったが、遅れているのはイメージ改善で、むしろ悪化したと言えるかもしれない。課題はそこです」

釜ケ崎の「案内役」は、そう力を込めた。

1990年の西成
「ここは日本か」元署員が語った暴動

行政や警察への不信感、仕事にあぶれた不満、劣悪な労働環境、横暴な手配師……。24回にわたる西成暴動には、様々な背景があり、何かが引き金となって一気に爆発する形で起きてきた。

特に規模が大きかったとされるのは1次（1961年8月）と22次（90年10月）。「暴動はもう起きないだろう」と言われていた中で起きた22次は、6日間続いた。

「本当にスラム化してしまい、ここは日本なのかという感じ。大混乱でしばらく手のつけようがなかった」

そう語るのは、22次の取り締まりにあたった元西成署員だ。

現在は高いフェンスで囲われ、「要塞《ようさい》」とも言われる西成署。当時は要塞化される前だった。

火を放たれた阪堺線の駅舎前。近くで車も焼かれていた
＝1990年10月5日、西成区、釜ヶ崎日雇労働組合（釜日労）提供

その日は10月2日で、異動の内示の日。近くで送別会も行っていたところ、署の前に人だかりができ始めた。帰った署員にもポケベルで呼び出しがかかった。

「暴力団から金もらいやがって」。怒号が飛び、群衆はどんどん増えていった。

この日、マスコミがこんなニュースを報じていた。

捜査情報を流した見返りに暴力団組長から現金を受け取ったとして、西成署の巡査長に対する任意聴取が始まった――。

10月3日夜、巡査長は収賄容疑、組長らは贈賄容疑で逮捕された。

もともと日雇い労働者には上前をはねる暴力団への不満があった。暴力団からの現金受

大通りの真ん中に焼かれた車が止まっていた
＝1990年10月5日、西成区、釜日労提供

領で警察への信頼は地に落ちた。

元署員は「警察が労働者を抑え込んでまちの治安を保っていた面があったが、身内の不祥事によりコントロールできなくなった。暴動の機会を与えてしまった」と話す。

西成署前の路上に積み上げた自転車の山には火が放たれた。署の窓ガラスは投石でことごとく割られた。

投石に使われたのは署の東西を走る歩道の敷石。景観を良くしようと地元の要望で敷かれたものだった。これが工具ではがされ、砕かれて投げ込まれた。署長も投石でほおにけがをした。

投石を防ぐため、ベニヤ板を窓の桟にはめ込んだ。ベニヤ板は路上でサイコロ賭博をするときに使われていて、押収したものが多かった。

「そうでもしないと無防備でこちらがやられてしまう。でも、板でふさいだので暗くて、朝か夜かもずっとわからなかった」

署の廊下や階段では汗だくの機動隊員が交代交代で体を休めていた。歩く場所もないくらいだった。

3日昼過ぎ、西成署のある係長が正面入り口から出てきて、署を囲む群衆の前でいきなり土下座した。

沈静化させたいと考えての個人的な行動だったが、「謝ってすむか」と激高させる結果に。早々に署内に戻った。

阪堺線の南霞町《みなみかすみちょう》（現新今宮駅前）停留場（駅）の下り線駅舎は全焼した。その火災現場に向かう消防の広報車も囲まれ、放火された。大通りを走行中の車も次々にひっくり返された。

便乗した人間がコンビニを襲撃し、商品を奪い尽くした。自動販売機も荒らされ、現金が抜かれた。

6日間で労働者と警察官を合わせて約190人が負傷。10月7日までに55人が逮捕された。

別の元署員は暴動が激しくなる前の2日夜、署の前で群衆と向き合っていた。食べかけのカップラーメンを投げつけられ、制服がびしゃびしゃになった。

「食べ物を粗末にするなよ。投げるくらいなら食べさせてくれよ」。まだ、そんなやり取りができる雰囲気だった。

翌3日からは群衆は1千人を超え、手をつけられなくなった。そこら中で車が燃えていたが、消防車が近づくこともできない。

元署員は消火器を何本か持って消そうとしたが、到底、手に負えなかった。南霞町停留場が放火されたときもすぐ近くにいたので消火器を持って向かった。「車1台でも消せないのに。なすすべがなかった」

署の前で群衆と向き合っているとき、長いガスボンベが転がってきた。そして、そこに火が放たれた。破裂しないよう放水車で懸命に水をかけた。

「一度、感情が爆発してしまうと手がつけられないのが暴動。ずっと教わってきたが、人を集まらせず、言動で刺激させないというのが基本だと改めてわかった」

直近の24次は2008年6月に起きた。

この暴動を経験した元署員にも話を聞いた。暴動は16年ぶり。このときも暴動はも

暴動で相次いで焼かれた車
＝1990年10月5日、西成区、釜日労提供

う起きないと思われていた。

署は要塞化されていた。それでも自転車、植木鉢、爆竹が投げ込まれた。１人はフェンスを乗り越えようとしたが、すぐに署内に連れ込んで後続が来ないようにした。

「署が占拠されたら、辞表を出すしかないと思った。機動隊の到着がもう少し遅れていたらそのおそれもあった」。暴動は１週間ほど続いた。

西成署から異動になるとき、暴動時に署内で隔離して事情を聴いた労働者と鉢合わせた。「お世話になったたな。元気でな！」とあいさつされた。「あれだけ暴れ回ったのに終わるとあっけらかん。それが西成らしいというか」

元署員はそう振り返った。

西成署前で警戒する警察官。窓ガラスは投石で割られ、
防御のためベニヤ板をはめ込んでいた
＝1990年10月、西成区萩之茶屋2丁目、釜日労提供

◎西成暴動

NISHINARI-BOUDOU

日雇い労働者らが釜ケ崎で起こした暴動はこれまで24回。第1次は1961年、24次は2008年で、「西成暴動」と総称される。「釜ケ崎暴動」とも呼ばれる。

賃金を手配師らにピンハネされたり、劣悪な労働条件で働かされたりし、たまっていた憤りが引き金になったと言われる。

60年代に1～8次、70年代に9～21次、90年代に22、23次、00年代に24次が発生。1次（61年8月）と22次（90年10月）が特に激しかったとされる。直近の24次は08年6月。店での支払いをめぐり、労働者が西成署に連れて行かれたことが端緒だった。

あいりん総合センター前でも車が焼かれ、分離帯に乗り上げていた
＝1990年10月5日、西成区萩之茶屋1丁目、釜日労提供

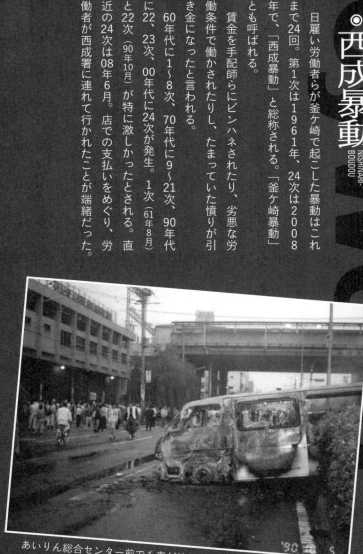

◎西成労働福祉センター

NISHINARI ROUDOU FUKUSHI CENTER

釜ケ崎にある西成労働福祉センターは1962年に設立され、2013年に公益財団法人に認定された。日雇い労働者らの就労相談にのり、早朝5時から無料で職業を紹介する。労働者の就労機会を増やすため、93年から溶接などの技能資格の取得を勧める事業に取り組む。

1970年に完成したあいりん総合センター（閉鎖）内に移転。西成労働福祉センターを建て替えるため、2019年から南海電鉄の高架下の仮事務所で業務を続ける。

2009年当時のあいりん総合センター。朝5時過ぎ、仕事を求める労働者が集まっている

新今宮スタディツアーを紹介するサイト「新今宮ワンダーランド」

◎新今宮スタディツアー SHIN-IMAMIYA STUDY TOUR

2023年7月に結成された「新今宮エリア魅力向上有限責任事業組合（新今宮LLP）」が主催する。釜ケ崎の歴史を学び、観光スポットの魅力も楽しむ。

事業組合は、釜ケ崎に特化したツアーを続けてきた「萩之茶屋地域周辺まちづくり合同会社」、生活困窮者の相談にのる認定NPO法人「釜ヶ崎支援機構」、まちづくりを支援する有限会社「CR-ASSIST」で構成する。設立目的は、新今宮駅かいわいのイメージアップと情報発信の強化。23年9月に設立記念イベントが開かれ、新今宮スタディツアーも本格スタートした。

ツアーは、サイトの紹介ページ（https://shin-imamiya-osaka.com/tour/）から申し込める。

第5章
潜入した「天国」

「ここは天国」に込めた思い
歌われ続ける「釜ケ崎人情」
20代で作詞したヒット曲

「日雇い労働者のまち」として知られる釜ケ崎で歌われ続けている曲がある。「釜ヶ崎人情」

1967年に発表され、レコードの売り上げが70万枚を超えるヒット曲になった。作詞したもず唱平さん(86)＝大阪府枚方市＝は発売当時29歳。松竹新喜劇文芸部の演出助手だったが、行き詰まって退団。どう食べていこうかと焦っていた。

19歳から英文学者で流行歌の作詞を手がけた喜志邦三さんに師事。歌で一発当てたいと思っていたが、物語を書こうにも人生経験が不足しているのかネタがない。

村田英雄さんが歌う「王将」を作詞した西條八十《やそ》さんの「吹けば飛ぶよな　将棋の駒に」のフレーズに憧れたが、とても太刀打ちできない。

八方ふさがりの中、歌手をめざしていた友人の三音《みつね》英次さんから作詞を頼まれた。三

釜ケ崎の「三角公園」前に立つ作詞家のもず唱平さん。
釜ヶ崎人情を作詞した頃は「放置自転車もこんなもんじゃなかった」と語る

音さんは劇場で働いていたが、劇場の仕事がない日は釜ケ崎の街頭に立っていた。日雇い仕事をあっせんする「手配師」から声がかかるのを待つためだ。

近況を聞き、もずさんは「これや！」と感じた。経験不足なら、世の中の事象を歌詞にすればいいじゃないか。

三音さんに「連れて行ってくれ」と頼んで訪れた釜ケ崎の立ち飲み屋はにぎわっていた。初対面のおっちゃんに「兄ちゃん、若いのになんでカマにおんねん」とおもしろがられた。

おっちゃんは名前や出身地は口にしないが、どんな仕事をしてきたかを雄弁に語った。曲馬団にいたというおっちゃんもいた。この人も愚痴は口にしない。

「生き様を聞いてもらうとホッとするんでしょう。意識して明るくしているように見えた」

釜ケ崎には1年以上通った。寝泊まりした簡易宿所でトコジラミに体中刺されたこともあった。

66〜67年、釜ケ崎で暴動が5回起きた。ニュースを見て、規制線の前まで行ったこともある。

ある日、飲み屋で、もずさんは自身の生い立ちを漏らした。「おやじは傷痍《しょうい》軍人で家に寄りつかず、何でもおふくろ任せで家庭崩壊やった。おやじはおっちゃんみたいや」

そう語ると「そりゃ災難やったなあ」と笑い飛ばしてくれた。そろそろ書いてみるか。ほぼ1日で歌詞を書き上げた。

立ちん坊人生味なもの

出だしは三音さんの経験を入れた。

「あの歌で力をもらったよ」。ラジオで曲がかかり、三音さんと釜ケ崎に行くと、声をかけられることが増えた。

一方で、飲み屋で活動家らしき若い男性に絡まれたこともある。

人はスラムというけれど　こゝは天国　こゝは天国釜ヶ崎

「ここは天国とは何だ」。そう文句を言われ、「誰が本当に天国だと思っているのか。比喩であり、反語や」と言い返した。

ここで生きるしかない境遇を受け入れ、精いっぱい日々を楽しむ。そんな人々が生きるカマを「天国」と表現したつもりだったからだ。

その後も釜ケ崎との関わりは持ち続けた。

もずさんを師と仰いだ歌手の曽野恵子さんが長年、釜ケ崎の「三角公園」で釜ケ崎人情を歌ってきた。その曽野さんが2018年10月に亡くなり、24年に7回忌を迎えた。

釜ケ崎で野宿者らの医療支援や見回り活動を続けてきた医師の矢島祥子《さちこ》さん（当時34）が09年、川で遺体で見つかった。

大阪府警は自殺と事件の両面で捜査しているが、家族は事件と考えて情報を求めている。もずさんは家族に連絡し、矢島さんの患者たちに話を聞いた。

もっと生きたかった　この町に
もっと生きたかった　誰かの為《ため》に

追悼歌「さっちゃんの聴診器」を作り、23年1月にCDを発売した。「さっちゃんがこのまちで生き、献身的に医療を続けたことを書き残したかった」

今も釜ケ崎は天国なのか。日雇い労働者が激減し、仕事にあぶれて酒をあおって騒ぐ姿もめっきり減った。海外のバックパッカーは「日常の光景」になった。

「天国という言葉は物理的にはそぐわなくなったが、今も精神的にはあてはまる。ここはよりどころやからね」

「里帰り」したピアノと印税

「釜ヶ崎人情」を作曲した故・三山敏《みやまびん》さんが愛用したピアノが2024年10月、釜ヶ崎の病院に寄贈された。

この曲で受けた恩を「地元」に返したい――。同曲の作詞者のもず唱平さんの思いに、三山さんの長女・田中裕子さん(56)ら家族が賛同し、実現した。もずさんは「釜ヶ崎人情」のカラオケなどの印税(演奏権)も病院に入るよう手続きをした。

ピアノが設置されたのは、大阪社会医療センター付属病院(西成区萩之茶屋1丁目)1階の待合スペース。

同病院は、1970年に日雇い労働者らへの無料低額診療にも対応する施設として創設され、地域医療を支えてきた。釜ケ崎に多い結核患者の治療にも力を入れてきた。

もともと日雇い労働者が集まる「あいりん総合センター」の中にあったが、センター

ピアノが寄贈され、田中裕子さんの伴奏で「釜ヶ崎人情」が歌われた

閉鎖により２０２０年に小学校跡地に移転した。

もずさんや田中さんの希望もあり、駅や空港に置かれた「街角ピアノ」のように、誰でも好きな曲を自由に弾けるようにするという。

ピアノは１９８６年に購入され、大阪市内の三山さん宅のレッスン室に置かれていた。長女の田中さんにとっては、父娘で弾き続けてきた思い出深いピアノだ。

音大卒業後、ピアノ教室を営む田中さんは、父が亡くなった後、ピアノを業者に売ることも考えた。ただ、思い出のピアノを手放すことに寂しさも感じ、迷っていたところ、もずさんから寄贈の提案があった。「きっと父も喜んでくれる」と二つ返事でＯＫした。

寄贈に立ち会った田中さんは『「釜ヶ崎人情』が地域で愛され、歌い継がれていく一つのきっかけになったらうれしい」。搬入されたピアノを見て、「父も照れくさそうに喜んでいると思う」と涙を流した。

その後、感謝状を受け取り、寄贈を機に練習してきた「釜ヶ崎人情」を演奏した。もずさんは「ピアノも印税も里帰りのようなもの。釜ケ崎で生まれたものは釜ケ崎に返す。いわば渡世の義理なんです」と話している。釜ケ崎人情が発売された当初、三山さんや三音さんと一緒に西成の施設にピアノを寄贈しようとしたが、途中で話が途絶えてしまい、ずっと心残りだったという。

医療センター理事長の荒川哲男さん(74)は「このまちにゆかりのあるピアノがやってくるのは何ともノスタルジック。ピアノ見たさや弾きたさで検診に来る地域の人たちが増えてほしい」と歓迎した。

まちのがんの罹患《りかん》率の高さを心配する荒川さんは、「釜ヶ崎人情」の印税をガン検診の促進に役立てたいという。

きつすぎる仕事、抜かれる給料
記者が潜入した日雇い現場の「悪」

ジャーナリストの大谷昭宏さん（79）は読売新聞記者時代、釜ケ崎で「潜入取材」をした経験がある。

当時27歳。西成区を担当する南大阪記者クラブに所属していた。天王寺動物園の中にあり、通称・動物園記者クラブ。記者室は鳥舎近くのボイラー室の2階にあった。なぜカマで暴動が繰り返されるのか。日雇い労働者らのうっぷんがなぜたまるのか。「体で感じてきたらどうや」。原稿を見てもらうデスクから指示され、劣悪な労働環境とピンハネが問題になっていた日雇い労働の現場を取材することにした。

1972年7月10日の早朝、日雇い仕事などをあっせんする西成労働福祉センターを訪れた。

選んだのは、日当が1900円と、目立って安かった製鉄所での仕事。「仕事がほし

ジャーナリストの大谷昭宏さん。釜ケ崎での取材経験は、
原作した漫画『こちら大阪社会部』に多く登場する

い」と手配師に伝えると、じろじろ見られた。「ここらのもんやないやろ」

チェックされたのは耳の後ろの日焼け。日雇いの仕事を続けていたら耳の裏も黒いが、自分は違う。「訳ありでここに来ました」と言うと、バスに乗ることができた。

車内では名前を書かされたが、身分証の提示は求められなかった。問題があったときだけ行政に示す目的で、本当の名前を書く人は少ないようだった。何らかの事情で故郷や家族から離れた人が多いからだ。

一緒に乗り込んだ先輩記者は、苦手なデスクの名前を書いて、にやついていた。

西成署前に集まって声をあげる日雇い労働者ら
＝1972年5月1日、西成区

先輩にならって別のデスクの名前を書き込んだ。

到着した堺市の工場では、溶鉱炉へ運ぶベルトコンベヤーから落ちた鉱石や鉄粉をひたすらシャベルですくい、ベルトに戻し続けた。何の資格もいらないから日当が安い。安いほうが作業が楽なはずと考えていたが、甘かった。

腰だけでなく全身が痛くなり、頭がもうろうとしてきた。きつすぎる仕事のわりに、弁当はご飯と昆布のつくだ煮、ソーセージ一切れだけ。

一緒の現場に入った男性に話を聞くと、以前に別の現場に住み込みで入ったとき、前借り分のほか、食費やふとん代などを次々に抜かれ、賃金は受け取れなかったという。「働いても働いてもお金がたまらないのは、こうやって巻き上げるからなのか」

後日の取材でわかったことだが、自分たちを雇った業者は、親会社との取り決めとは違う条件で働かせていた。本来は拾い集めた量による出来高払いだが、定額の安い支払いで済ませていた。

夕方に作業が終わり、バスでカマに戻った。全身がズキズキ痛むが、新世界へ。酒を酌み交わしながらどんなルポに仕上げるかを練った。

一休みして帰ろう。先輩と記者クラブのソファに横になり、気づけば朝。南国系の鳥の大きな鳴き声で目覚めた。

「待て。この野郎!」

劣悪な労働環境と背景を明かす3回の連載「熱い夏」を載せた。手配師や業者は親会社から叱りつけられたようで、新聞社に電話がかかってきた。最初は「○○出さんかい」、次は「△△出さんかい」。

自分と先輩が勝手に書いたデスクの名前。両デスクから「お前ら何してんねん」と怒られたが、同僚は笑っていた。

もうほとぼりが冷めただろう。数カ月後、労働福祉センターに行くと、あのときの手配師に出くわした。「待て。この野郎！」。追いかけてきたが、逃げ切った。外から想像するだけでなく、少しでも当事者に近づいて取材した方がいい。そう考えさせられる取材だった。

当時、カマだけで60カ所近い暴力団事務所があるとされ、覚醒剤の密売人もあちこちにいた。

暴動も10回以上、取材した。労働者が集まりだすと、作業着姿でその中に交ざった。取り締まる警察の取材だけしても、なぜ労働者が怒っているのかわからないからだ。派手なシャツを着ていたため、逆に目立って潜入捜査の警察官と疑われ、袋だたきにされた先輩もいた。

あの頃と今で何が違うのか。大谷さんはこう指摘する。

「昔は『暴力手配師』がいて、劣悪な飯場があり、わかりやすい悪だった。今は肩寄せ合って生きる人たちを囲い込む、システム化された『貧困ビジネス』など、より目立ちにくい悪となった」

10年以上前に大阪市の「西成特区構想」がスタート。カマの不法投棄や放置自転車は減り、街頭の防犯カメラは増えたが、こうも感じるという。

「社会問題のひずみが真っ先に現れるが、どんな人もここに来れば生きていける『日本社会のクッション』でもあるのがカマ。行政が重点的に予算をつけて環境改善するというが、放っておいたらいいのにという違和感もあるんだよなあ」

響いた「死ぬまでの暇つぶし」

将来不安な25歳、西成で出会った「自分」

何のために仕事をするんだろう、生きているんだろう――。バイトや放浪で休学を繰り返し、7年かけて大学を卒業後、就職活動に失敗。将来に不安を抱えていた東京生まれの若者が、釜ケ崎で出会った言葉がある。

「みんな死ぬまでの暇つぶししとるだけや」

若者は、7万部を記録した『ルポ西成』の著者、國友公司さん(32)。当時、ライターの仕事がしたいと相談した編集者から「原稿がよければ本にする」といわれ、2018年に西成で住み込み取材をした。

「僕らが持っている常識と違う常識みたいなのがあって、その上で生活とか社会が成り立ってる。すごい学びになった」

日雇い労働の現場が知りたくて解体工事の現場へ。ひたすら廃材を袋につめ、運搬

作家の國友公司さん。釜ケ崎で取材を始めた当初は、阪堺線沿いの路地に座り込む人たちに次々に話しかけ、人脈を作った

するトラックのタイヤを洗う。ヘトヘトになって会社の寮に戻る。明日のことを考える余裕もない。

「汗かいて疲れて飯食って酒飲んで寝る」

大変だった一方で、そんなシンプルな生き方に圧倒された。

個性的な人たちと出会った。ある同僚は、10日働いてお金をため、「有名なギャンブラーになって人生変えてくる」と飯場を去り、すぐにお金を使い切って戻ってきた。

違法薬物の元密売人で、自らも依存症に悩む同僚の話は、説得力が違った。

「いっぱい見てきたで。シャブ打って人

生終わってしまう人。根性のある人間はそんなことしいひん」

「三角公園」では、ダンベルでの筋トレを日課にしていたホームレスの70代男性に何度も話を聞いた。生活保護は受けたくないと言い、「体を鍛えていないとホームレスもできないからね」と口にした。なるほどと思った。

「人は何のために生きるのか」。そればかり考えていた当時の自分に対し、元ヤクザという同僚は言った。「西成でそんなこと考えているやつ、ひとりもおらん。みんな死ぬまでの暇つぶししとるだけや」

明日に保険をかけないような生き方は自暴自棄にも映り、自分にはまねできないと思ったが、不思議と「無我の境地というか悟りに近い」ものも感じた。

「生産性を上げる、社会で評価される。そんな今の時代にまかりとおっている価値観に毒され過ぎていた自分を思い知らされた」

スマホやSNSがなくても生きていけることも新鮮で、視野が広がった。西成で暮らしたことで肩の力が抜け、生きやすくなった。1カ月の滞在予定は、気づけば78日間に及んだ。

行き場のない人たちにとって、たしかに釜ケ崎はある意味、楽園だとも感じた。でも、まだやりたいことがある自分がここに居続けることは恐れ多く、その勇気もないと気づいた。

「結局、自分を大切にしちゃっていて、何らかの価値があると思っていることを自覚した」

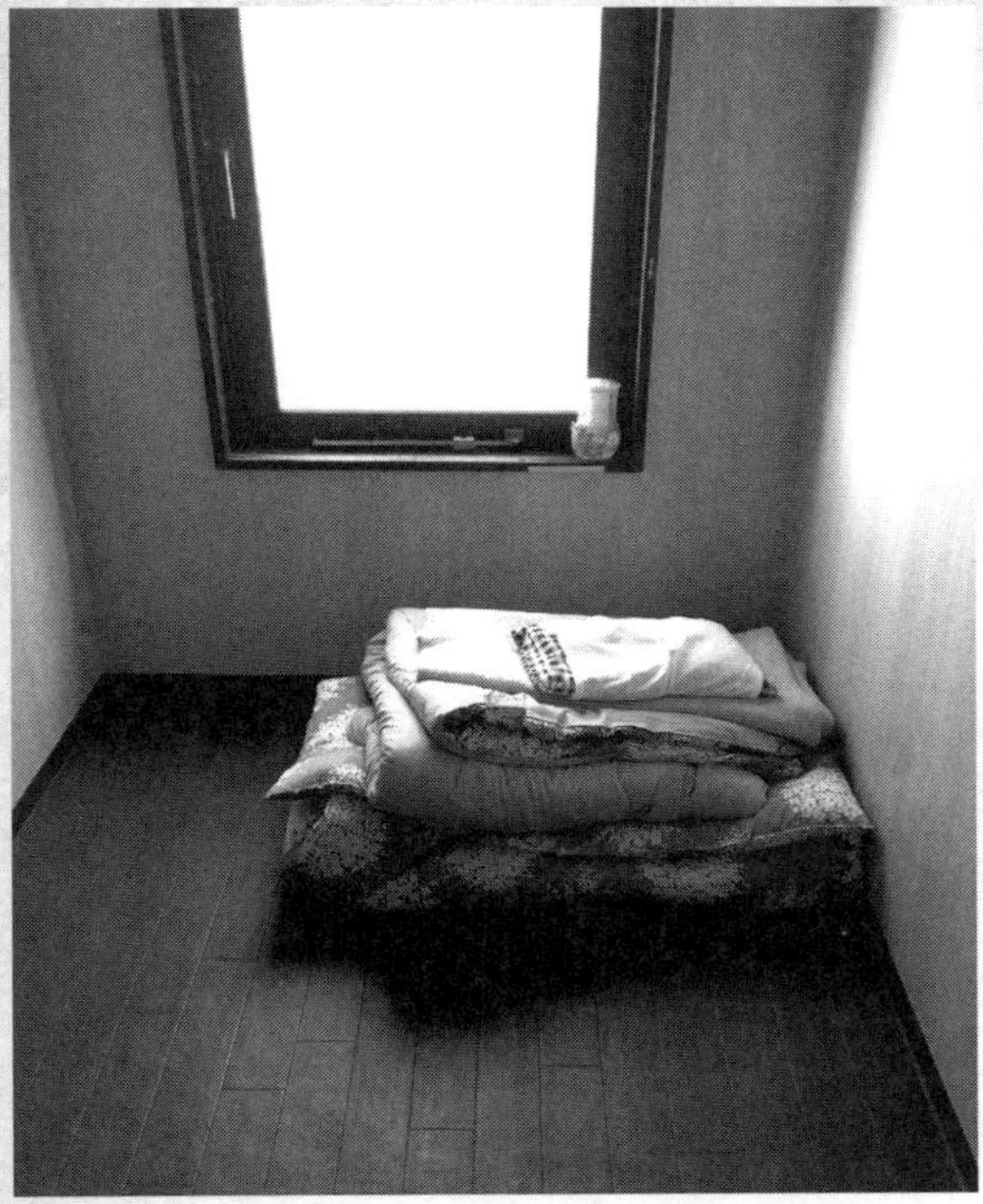

國友公司さんが暮らした土木会社の寮。3畳ほどの部屋は清潔だが、夜はナンキンムシに悩まされたという=2018年4月、西成区、國友さん提供

泊まっていた簡易宿所の求人を見て、1カ月ちょっと従業員として働いた。トイレ掃除をしたり、フロント番をしたり。そこで暮らす人たちを見て思った。

生活保護を受給し、その一部で宿代を払えばずっといられる。残りのお金でスーパー玉出で弁当を買い、ギャンブルもできる。言葉は良くないが、次の受給日まで何もしなくてもいい。その代わり出て行く気もしなくなる。「そうはなりたくないし、その勇気もないのが自分だとわかった」と振り返る。

「こんな自分も受け入れてくれた」

体当たりのルポは、國友さんの定番になった。その後、五輪でわく東京でホームレスとして暮らした『ルポ路上生活』を発刊。いまは、釜ケ崎と並ぶ日雇い労働者のまち、横浜・寿町に拠点をかまえて連載をしている。

それでも、西成には年に数回、通い続けている。「なんか感謝があるんです。ライターとしても社会人としても育ててくれた」

訪れるたび西成は大きく変化している。外国人観光客やユーチューバーが目立つようになり、近くに星野リゾートが進出した。

24年9月も釜ケ崎に入り、まちを見て回った。18年の滞在中と比べ、カラオケ居酒屋と民泊がさらに勢いを増し、中国人が所有する土地が急増したと感じている。ベトナム人らのコミュニティーも広がった。

國友さんと並んで細い路地を歩いていると、中年男性が声をかけてきた。「若者にプレゼントがあんねん」。ケースに入ったDVDを見せてくる。「買わないっすよ」と國友さん。男性は「ええねん。おれの使い回しやけどな」と話してはいたが、そのまま離れていった。

國友さんは「あんな独特のやり取りが初めの頃は新鮮で楽しかった。ああいう人って地元で相手にされず、観光客ら外の人との会話を楽しんでいるので、それもまちの奥深さかな」と話した。

こまごまとしたことにほとほと疲れたとき、このまちに戻りたくなるという。全部投げだし、簡易宿所の給料だけで何とか過ごした日々が懐かしくなる。「受け入れる、変わりゆく、そんな風通しのよさが西成でもあると感じる。こんな自分も受け入れてくれた」

このまちの底知れない懐の深さにひかれている。

地元の人たちが集まる「三角公園」の前で思い出を語る國友公司さん。
公園の隅でダンベルで筋トレを続ける70代の男性に何度も取材したという

國友公司さんの釜ケ崎滞在78日間

２０１８年
４月１日　労働者が仕事を求めて集まるあいりん総合センターへ。
心配になり、手配師に付いていかず。
１泊１２００円の簡易宿所に宿泊
４月６日　土木会社の誘いに応じ、３食付き１日3千円の寮へ。
個室で食事はおいしいが、夜にナンキンムシに悩まされる。
日給１万円で10日間の労働契約。
翌日から兵庫県尼崎市で解体作業
４月27日　手配師に誘われ、疲れ果てた感じの人に生活保護の受給を促し、事務所に連れてくる仕事に就く。

自分に合わず、2人に声をかけただけで辞める
5月5日　泊まっていた簡易宿所の従業員に。
清掃とフロント番で、日給5500円
5月26日　26歳の誕生日。帰るタイミングを見失う
6月10日　退職。漫然と一日を過ごす生活保護の長期滞在者を見て疑問を感じる
6月17日　関東に戻る

◉釜ケ崎人情

KAMAGASAKI-NINJOU

1967年に発表された歌謡曲で、翌年にテイチクレコードからレコードが発売された。70万枚超を売り上げるヒット曲になった。もず唱平さんが作詞、故・三山敏さんが作曲し、故・三音英次さんが歌った。

もずさんと三音さんのデビュー曲で、曲名を決めたもずさんは「直接で芸がないが、ほかにないと思った」。春日八郎さんや藤田まことさん、中村美律子さんらも歌い、釜ケ崎では今も越冬闘争などの時に歌われ続けている。

◉結核患者

KEKKAKU KANJA

釜ケ崎は結核患者が多いことで知られている。

もず唱平さんが作詞した「釜ヶ崎人情」の
レコードジャケット
発売：㈱テイチクエンタテインメント

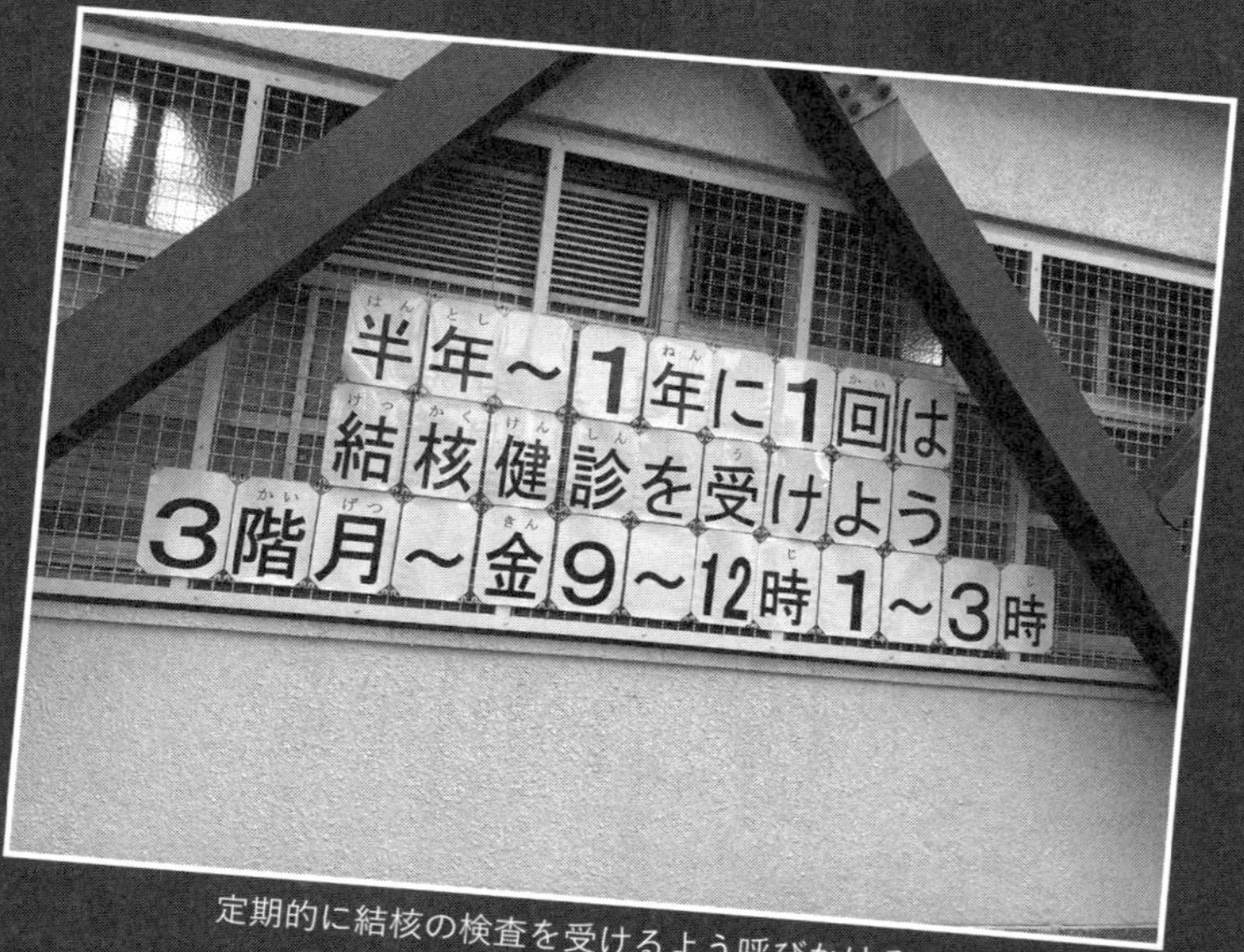

定期的に結核の検査を受けるよう呼びかける、
西成区保健福祉センター分館の掲示

２０２２年中に新たに結核と診断された患者は24人。人口10万人あたりで計算するとおよそ１１９人になり、全国平均のおよそ８人よりはるかに多い。

22年時点の厚生労働省のまとめによると、大阪市は全政令指定都市のうち新たな患者数も感染者の割合も最も高く、中でも西成区は突出しており、特に釜ケ崎は大阪市の割合の10倍の高さだ。困窮による食生活の問題や体力低下で免疫力が落ちたことなどが要因とみられ、体調を崩して再発する高齢者が多いという。

09年中の新たな患者は１６５人で、10万人あたりで考えるとおよそ５６５人。十数年で人口比でみた割合は５分の１に減るなど、改善傾向にはある。

第6章

「ごった煮」でええやん

若者と高齢者が半々
西成の異色アパート「イケてる拠点」めざす

高齢者の一人暮らしが圧倒的に多い釜ケ崎。このまちに若者と高齢者が半々の異色のアパートがある。

簡易宿所を買い取って改装し、2020年4月に開所した7階建ての「ローレル」。サウナと大浴場があり、玄関の入り口は銭湯の窓口に似せている。玄関のげた箱で靴を脱いで入った館内は、アートな雰囲気が漂う。

全70室で、キッチンやトイレは共用。入居者の半数は20~30代の若者で、ほかは生活保護費を受給する高齢者らだ。

この造りを実現したのは実業家の梅原鎮宇《じぬ》さん(43)。祖父の代から釜ケ崎でパチンコ店を営み、8歳まで店の2階の長屋で身内12人で暮らしていた。ローレルはここでの経験がもとになっている。

釜ケ崎では珍しく、
住人は若者と年配者が半々というアパート「ローレル」。
金島小春さん（右）が管理人だった

「若い世代は年配の人の荷物を持ち、逆に生活の知恵を教わる。こうした付き合いが自然にできる家族的な住環境を作りたかった」

釜ケ崎に若い世代は定着しづらい、と感じていた梅原さん。若いクリエーターが集まる、もっとおもしろいまちにしたいと考えていた。

「酔っ払いやけんかを見続けているうちに心がすさみ、何カ月かするといるのがしんどくなる。帰るのが楽しみになり、若い人がイケてるライフスタイルを追求できる拠点があればいいかなと思った」

管理人は、梅原さんが会長を務める会社「日大」で働く金島《かなしま》小春さん（29）だった。

22年末までの2年半、ローレルの住人でもあった金島さんは「このまちの人は寂しさから関係ない人に絡んだり、構ってほしいのにアピールが下手だったりする。若い人と日々接する空間は貴重だし、それを望む人がここに来てくれる」「日大」は22年以降、釜ケ崎かいわいの魅力を伝える無料の小冊子「西成取扱説明書」を発行してきた。「西成初心者がまち歩きを楽しんでほしい」(梅原さん)という思いからだ。

住人の男性(64)は23年4月に入居した。神戸・三宮の繁華街で長く、スナックなどを経営。母親を亡くした後、兵庫県明石市で一人で暮らしていたが、コミュニティー重視の環境が報じられていたのを見て、見学に来て入居を決めた。

心臓にペースメーカーが入っており、糖尿病で通院を継続。アキレス腱《けん》を切った後遺症もある。

「階段を上がるとき、若い人がすっと荷物を持って助けてくれる」。入居時には歓迎会を開いてもらった。

ユーチューバー向け「出世払いプラン」も

女性に生まれ、今は性別にとらわれないジェンダーレスな生き方をしている美容師

釜ケ崎のアパート「ローレル」の入り口に立つ
美容師のたけやんさん

(29)も、男性の荷物を持ったことがある一人だ。あだ名は「たけやん」。最初は「家賃2万9800円〜」というSNSを見てひかれた。

何人もが昼から街中で酒を飲み、路上で寝ている人も見かける釜ケ崎のまちには驚いたが、同じ年の金島さんが住み込みで管理人をしていたので安心した。「クリエーターやおもろい住人が集まり、マイナーな人を差別する目線がないのが楽」とも感じた。

「たけやん」はたまに、自由に出入りできる古着のフリーマーケットを1階の共用スペースで開き、フレンチトーストや黒ごまプリンなどの軽食も販売している。ときどき住民間のイベントも開かれるが、参加は自由。「ここは近いようで遠いようで絶妙な距離感。そこが良い」

ローレルには、登録者1千人以上のユーチューバー

ユーチューバー向けの「出世払いプラン」で入居した
男性の部屋。「こうす系」の名で活動している

向けの「出世払いプラン」もある。1カ月の動画の総再生回数の2％が家賃。月に50万回再生されたとしたら1万円、5万回だと1千円だ。

「ここを踏み台にし、安心して思う存分におもろい動画を作って次のステップに挑んでほしい」との思いがこもったプランだ。

出世払いプランの住人は歴代1人。開所して間もない時期から暮らす男性(34)で、「こうす系」のアカウントで配信を重ね、同じ名で活動する現代アート作家だ。

スーパーカーやスポーツカーのドライバーに話を聞いたり、お金をかけず車の窓ガラスの水あかを除去したりなど、大好きな車に絡んだ動画投稿が多い。

ユーチューブチャンネルの登録者は約1万7千人。波はあるが、1カ月の再生回数は約10万回。月々の家賃は2千円ほどで済んでいる。

酔いつぶれた年配男性を部屋まで担いだこともあるが、住み心地の良さがわかってきた。日課の筋トレを終えて大浴場につかる間、年配の住人がどういう人生を歩んできたのかを語りだす。

「遠洋に出る船乗りだったとか、猟師の経験があるとか、裏社会と関わりがあった頃もあるとか、まさに人に歴史あり」

人生の歩みを年の離れた若者に話す人がいて、若者はふだん聞けない話に耳を澄ます。老若を超えた、そんなやり取りがある場が「あったかい」と感じている。

※居住状況や肩書は2024年4月の取材時のものです。

「先駆け」が語る20年
バックパッカーが集まる元・労働者向け宿

釜ケ崎にあるホテル東洋（5階建て120室）の宿泊客は年間4万人弱を数える。その8割が海外の旅行者だ。

釜ケ崎かいわいの宿舎が海外のバックパッカーに目を向けたのは20年ほど前。ホテル東洋は、その先駆けと言われる。

一番安いエアコンなしの3畳間で1泊1900円。中国や韓国からの客が多いが、フランス語圏やスペイン語圏の人も目立つ。

あまり予定を立てず、1週間弱泊まる人が多い。月単位の滞在も1割ほどいる。

1972年創業。もともとは日雇い労働者向けの簡易宿所だった。運営会社の浅田裕広《やすひろ》社長（47）は、20年ほど前に祖母から経営を引き継いだ2代目だ。

日雇い労働者が高齢化し、人数も目に見えて減った。生活保護受給者向けのアパートにくら替えする簡易宿所が相次いだ。東洋の稼働率も２～３割まで落ち込んだ。

トイレや洗面所は共用で、エアコンもエレベーターもない。宿泊費がいくら安くても、日本人で埋めるのは難しい。海外客の獲得に生き残りをかけ、周辺の簡易宿所の経営者たちと話し合いを重ねた。

海外の旅行者向けサイト「ホステルワールド」などに案内を出した。浅田さんは、大学時代にタイ旅行で１カ月、バンコクのバックパッカー通り「カオサン」で過ごした。その時のワクワク感を、訪日客にも味わってほしかった。

しかし、海外からの客はなかなか増えなかった。当初は月に１、２人がやっとだった。

トイレを和式から洋式に換え、洗浄便座も設置した。大浴場はシャワー室にし、Ｗｉ－Ｆｉ環境の整備も進めた。

ホテル東洋の入り口に立つ浅田裕広社長。海外の旅行客が8割を占める

2013年から大阪市の西成特区構想がスタート。観光客らの受け入れを目的にした設備改善費を補助する制度もでき、東洋も利用した。

「殺風景で刑務所みたい」。海外の宿泊客が口コミサイトに書き込んだコメントが気になった。宿泊客に階段や廊下に自由にアートを描いてもらった。畳の香りが気になる海外の人が多いことがわかり、いぐさを使わないものに交換。英語堪能なスタッフを増やした。一通りの整備に10年くらいかかったという。

「東洋ライフ」を満喫

海外の宿泊客が一気に増えたのは15年ほど前。関西空港からのアクセスが良く、繁華街ミナミも近い。ミナミよりはるかに安く泊まれ、長期滞在にはうってつけ。環境や治安は気にならない。そんな評価が浸透していった。

海外の旅行客がスーツケースを引いて歩き、宿から買い物や食事に出かけだすと、まちの雰囲気が明るくなったように感じた。

道がわからないで困っていると、地元のおっちゃんらが言葉が通じなくても身ぶり

ホテル東洋に長期滞在していたケバン・ケネディさん。
宿泊客のメッセージであふれる共用スペースの扉に、
「ALL POWER TO THE WORKERS（すべての力を労働者に）」と書いた

で教えてくれる。そんな下町的な雰囲気が残るまちを気に入ってくれたのではないか。浅田さんはそう感じている。

日本と海外の宿泊客の違いもわかってきた。「日本人はスケジュールを詰めていて、朝に宿を出たら夕方までは戻らないのがほとんど。海外の人はふらっと出ては戻り、また出て行き、このまちを楽しんでいる」

コロナ前は満室続きだったが、コロナ禍で宿泊客が最大8割減った。月単位で契約している海外からの客が帰国できずに滞在を続けるくらいで、予約はほぼ入らなかった。「うちはインバウンド頼みなのでしんどかった」。ようやく8割ほどの稼働率まで戻った。

英領ジブラルタル出身のケバン・ケネディさん

(29)は24年1～6月に長期滞在。居心地の良さに満足していた。
「マイホームのような感じでスタッフもフレンドリーだし、アートもいい感じ。このまちは生きている人のリアリティーが感じられるから良いよね」。滞在は2回目。初めてのときに快適だったので再訪した。

ケバンさんはケンブリッジ大の大学院生。部屋でパソコンをたたき、共用スペースでお酒を飲みながら客同士で談笑し、カフェで読書し、スーパー玉出やドン・キホーテで買い物し、スポーツジムで体を鍛える。そんな「東洋ライフ」を満喫した。

海外の旅行客が大半の東洋だが、日雇い労働者の高齢男性も3人いる。改装前から住み続け、新スタイルも気に入って残った。おっちゃんの一人から浅田さんは言われた。「わし、創業の頃からのスタッフみんな知ってんねん」

浅田さんは「いろんな人がいるのがうちの持ち味。どんな方も受け入れるのがこのまちであり、この宿なんです」と語った。

※日雇い労働者の居住状況は2024年5月の取材時のものです。

海外の旅行客が挑んだ書道を見る浅田裕広社長。「国際結婚」
「彼女と饂飩《うどん》が好き！」「血液検査」など様々な言葉が並ぶ

高級ホテルがなぜここに？

西成至近の星野リゾート「飛び抜けて魅力的な街」

星野リゾートが手がける観光ホテル「ＯＭＯ７大阪《おもせぶん》」が２０２２年4月、大阪市内にオープンした。釜ケ崎のすぐ北側に立地し、「高級ホテルがなぜここに？」と話題になった。

「アクセスが抜群によい。大阪観光のための立地として、ベストになるポテンシャルがある」

オープン当初の総支配人だった中村友樹さん(42)は語る。

最寄りの新今宮駅はＪＲ線や南海線など4路線が乗り入れ、地下鉄の動物園前駅からも徒歩5分。関西空港からは特急で40分ほど、ユニバーサル・スタジオ・ジャパン（ＵＳＪ）にはホテルから毎日2往復、送迎バスを出し、30分ほどで到着する。

ホテルの敷地には元々、化粧品工場があったが１９７０年代に移転した後、長年空

交通量が多い釜ケ崎の太子交差点の北西にひときわ目をひくホテル「OMO7大阪」が立つ

き地となっていた。

所有する大阪市は、地域活性の場にしたいと企業を募集し、星野リゾートが手を挙げた。

周囲には、1泊1500円程度の簡易宿所や1泊5千～7千円のビジネスホテルが並ぶ。

OMO7大阪ではツインルーム（食事なし）で3万円から。

オープン当初はコロナの影響で436部屋の5割ほどの稼働にとどまっていたが、現在は全室開放しており、週末は満室近くの予約になる日もあるという。

中村さんは、2025年の大阪・関西万博を視野に「大きな機会で、インバウンド率はより一層上昇していくのではないか」と期待する。

ここでの開業には別の理由もあるという。

「街そのものが飛び抜けて魅力的」と、全国各地で勤務した中村さんは語る。南北を釜ケ崎がある西成エリアと、通天閣が立つ新世界エリアに挟まれ、「よりダイレクトに、よりディープに大阪を感じられる」。

OMO7大阪では、ホテルの従業員が開拓したところに宿泊者を連れていくツアーを実施している。

開業1年の23年4月からは、西成の三つの飲食店をハシゴするツアー「じゃますんでー、なにわ店主と出会う西成はしご酒」を企画したこともある。オムライスやふぐ鍋をつつき、個性的な店主や常連客らと交流する内容だった。「よい意味で観光地化されていない大阪の下町のよさ」を体感してほしかったのだという。

中村さんは話す。

「まちや人が最大の魅力。物質的な豪華さではなく、唯一無二の豊かな体験ができる場所です」

西成取扱説明書

NISHINARI TORISETSU

釜ケ崎かいわいの魅力や特色を紹介する冊子
「西成取扱説明書」

実業家の梅原鎮宇さんが会長を務める会社「日大」が2022年から発行する無料冊子。「地元の人はわかっていても、外の人は知らない魅力はまだまだある。どっぷり西成につかってほしい」と企画した。

24年までに「飲食店編」「古着屋編」「銭湯編」「生活保護編」「外国人編」の5冊が出た。ローレルを管理する日大社員の金島小春さんらが取材や執筆をした。古着屋編の表紙はローレル住人の美容師「たけやん」が飾り、激安5店を掲載。飲食店編は定番9店のほか、地元のおっちゃんが勧める知る人ぞ知る3店を紹介した。

冊子のタイトルについて、梅原さんは「あえてパンチ力のあるトリセツという言葉を使った」と話す。

◉簡易宿所の設備改善

SETSUBIKAIZEN

西成特区構想の一環として大阪市は2015〜17年度、西成区内の簡易宿所が旅行者らの受け入れを目的に設備を改善した場合、200万円を上限に実費の半額を補助した。対象設備はシャワールーム、トイレ、IT環境、客室、看板。釜ケ崎の25軒が申請し、3年間で約3900万円を支出した。区によると、釜ケ崎と周辺には当時、約60軒の簡易宿所があった。

ホテル東洋の一室。畳のにおいが苦手な海外の旅行客もいるため、いぐさを使わない畳にしている

第7章

西成ドリーム

「ちょっと増えすぎたけど」
カラオケ居酒屋150店
中国出身「ドン」の夢

「1曲100円」

釜ケ崎の東側にあるアーケード商店街には、こう書かれた看板が目立つ。途切れず続くカラオケ居酒屋の看板だ。10年ほど前から出店が始まり、まち全体で150店ほどに急増した。

その先駆者として知られるのが、中国・福建省出身の不動産会社長、林伝竜《りんでんりゅう》さん(60)だ。

賃貸マンションを運営し、20店以上のカラオケ居酒屋に物件を貸す。西成で商売をしたい中国人にとっては「ドン」のような存在だ。

1997年に来日し、釜ケ崎にやってきた。最初の1年間は、阪神・淡路大震災の復旧作業の現場などで日雇い労働をした。その後はラーメン屋、中華料理屋、居酒屋

商店街に並ぶカラオケ居酒屋の先駆者と言われる林伝竜さん

を営んできた。

商店街でカラオケ居酒屋を始めたのは2005年ごろ。

なぜここまで、急成長したのか。林さんがこだわったのが料金設定だ。食べて飲んで歌っても、2千〜3千円で済む店を作りたかった。

値段の目標としてイメージしたのは、釜ケ崎の近くにある繁華街・ミナミの「半額」。だから1曲100円にした。周辺の安い店でも1曲200〜300円が相場だった。

この料金設定が当たった。

仕事帰りの日雇い労働者が立ち寄り、生活保護の受給者も息抜きにくる。

アーケード商店街に集中するカラオケ居酒屋
（画像の一部を加工しています）

「私もやってみたい」。同じ福建省出身の中国人が次々に相談に来た。

商店街でシャッターを閉めた店を買い取り、改装。月に10万〜18万円の家賃を取って貸し、「ママ」になる女性に経営のノウハウも教える。

「２００万〜２５０万円の初期費用があればできる。それが魅力」と林さん。経営者から大家への転身だった。

当初はごみ出しをめぐってもめたり、騒音トラブルが起きたりした。商店街のマナーを教え、ときには話し合いの間に入った。

大阪市によると、中国人が営むカラオケ居酒屋が増え始めたのは12年ごろからだ。

当時、インバウンドが急増。釜ケ崎でも外国人バックパッカーの姿が当たり前になった。「治安が悪いのでは」というイメージも薄れていった。遊びに来る日本人の若い世代も増え、ミナミで飲むより安いと、会社員も流れてくるようになった。

「ちょっとカラオケ居酒屋は増えすぎたけど、結構はやっていてつぶれない。ほとんどが僕のまね」と林さん。

西成は「不動産バブル」

一方で、インバウンドは予想外の影響ももたらした。最初にカラオケ居酒屋を出した頃に比べ、周辺の地価は3倍ほどに急騰したのだ。

「ほかの地域よりずっと土地が安かった分、西成は不動産バブルが続いている」

それでも愛着があり、西成以外で不動産業をするつもりはないという。

安さが魅力のカラオケ居酒屋だが、一部の店ではトラブルも起きている。

店の女性たちが「一杯いただいてよろしいでしょうか」と繰り返し求め、高額を支払わせる店もある。酔いがさめると財布にあるはずのお金が消えており、もめるケースも出ている。

「安心して安く飲み食いできるのが魅力なのに。イメージを落とさないでほしい」

関心はまちの魅力づくりにも及んでいる。商店街の入り口に中華門を作り、カラオケ居酒屋を中華料理店に変えていく――。

19年にはこんな「中華街構想」を発表した。しかし、日本人店主らの戸惑いや反発も根強く、構想は進んでいない。

ただ、今でも人々が集まる拠点が必要との思いは消えていない。「国籍や宗教に関係なく多様な人が集まり、会話する場が大切。それがまちの、商店街の特色になる」

多文化の交わりをこのまちで実現する。それが今の夢だという。

商店街の外れに出現「商売の神様」まつる場所

釜ケ崎の一角に、三国志の英雄・関羽をまつった「関帝廟《かんていびょう》」が建立された。この地域をめぐっては、2019年に商店街の入り口に中華門を建てる「中華街構想」が浮上。地元から「あまりに唐突」との声が上がり、頓挫した経緯がある。「関帝廟」は商店街から少し外れた場所にあり、目立った反発はない。

23年12月、中国人経営者らの親睦団体「大阪華商会《かしょうかい》」（西成区）が、中国で商売の神様として信仰されている関羽、海の女神である「媽祖《まそ》」をまつる廟をお披露目した。アーケードが続く飛田本通商店街（通称・動物園前一、二番街）のすぐ近くで、同区太子2丁目の約165平方メートルの土地に建てられた。華商会が物流倉庫だった土地を購入、建設費も含め計6千万円ほどかけたという。

華商会の会長は、先述したカラオケ居酒屋の草分けで不動産会社長の林伝竜さん。西

三国志の英雄・関羽をまつる関帝廟。
関羽は、中国では商売の神様として信仰されている

成に来て四半世紀以上が過ぎ、「ここは第二のふるさと」と話す。

「地元の人や観光客が雑談し、交流できる拠点になってほしい。この地域や商店街の『顔』になり、イメージアップにつながると良いね」

華商会は19年、商店街に中華料理店を増やすなどとする「中華街構想」を発表した。この時、構想に反発した地元の商店主らも、今回は静かに見守っている。

飛田本通商店街振興組合の理事長で、洋服店を営む村井康夫さん(74)は「中華街構想は歴史ある商店街のカラーをがらっと変えることになるので反対が多かったが、今回は違う」と話す。

ここ数年、釜ケ崎かいわいは外国人バックパッカーが急増。周辺で暮らすベトナム人留学生らも増えている。村井さんは「この地域も国際化が進んでいて、共生や異文化の理解を進めていかないといけない」。

華商会は午前9時ごろから夕方まで廟を開放しており、1カ月に130人ほどが来訪。とくに中国の旧暦の毎月1、15日は参拝者が多い。学生グループや海外からの旅行客らも来ている。

なぜ西成に？
現れた「ベトナム通り」重なった好条件

釜ケ崎周辺に、ベトナム人が営む料理店や家電店が相次いでオープンしている。なぜ西成なのか。３階建てのビルでレストランを開業したベトナム人店主を取材した。

労働者たちが求人情報を求めて訪れる西成労働福祉センターから西へ歩いて5分ほど。

ベトナム語の看板を掲げた料理店、食材店、家電店が立ち並び、ちょっとした「ベトナム通り」となっていた。

多くが最近できたばかりの店。３階建てのビル全体を借りて営業するベトナムレストラン「ニャトフォン」は２０２２年12月にオープンした。

店名は日本語で「一風」。この地で強い風を吹かせたいとの思いが込められている。

店主はチャン・ゴク・ビンさん（30）。

ベトナム料理店「ニャトフォン」の調理場で働くオーナーのビンさん（左）

18年に留学生として来日。通訳の仕事をした後、千葉県のベトナム料理店で働いた。

西成では多くのベトナム人が暮らし、知り合いもいる。「ここならやっていける」。身内から借金して挑むことにした。ホーチミンの日本語学校で一緒に学んだ友人2人も来日し、店に出資してくれた。

通常は1階で営業。2階は結婚式の2次会など団体向け。屋上はバーベキュースペースにした。

ビンさんの婚約者のグェン・ティ・ゴック・ガーさん(31)もスタッフとして働き始めた。

2人はホーチミンの日本語学校で知り

「ニャトフォン」のメニューの一つ、カニと牛すねの鍋

合った。ガーさんは客席に食事を運び、ベトナム人のなじみ客と会話をかわす。

ガーさんは「ビンさんと一緒に店をはやらせ、いずれ2号店や3号店も出したい」と夢を膨らませた。

日本人にベトナム料理のおいしさを伝えたい――。そんな思いで始めた店だが、順風満帆とはいかなかった。

開店の準備中、店の入り口に置いていた食洗機の部品が盗まれた。

「日本ではこんなことがないと思っていたからショックだった」

当初、客はベトナム人が9割、日本人が1割。

「日本に来たベトナム留学生らが自宅で料理しても思うような味にならなくて、ときどき地元の味が恋しくなって来てくれる」とビンさん。

ただ、日本人よりベトナム人に料理を出すほうが難しいという。「本当のベトナムの味をよくわかっているから厳しいね。でも、おいしかったらまた来てくれる」

23年からウーバーイーツでの配達も開始。少しずつ日本人客や海外からの旅行客も増えた。

店の定番は、米が原料の細麺のつけ麺「ブンチャーハノイ」や、牛肉入り米粉麺の「ブンボフエ」、牛肉と高菜のチャーハン「コムザンズアボー」などだ。

ビンさんは「日本でもよく知られているのはフォーやバインミーだけど、違うベトナム料理のおいしさも届けたい」と話す。

お薦めは「ヴィットクワイ」。週2回、味付けしたアヒルを丸ごと焼き上げた。パリパリの皮、ふっくら感のある肉。一緒に甘みのあるタレにつけて食べる。ビールによく合い、北京ダックともまた違ったおいしさだ。

カエルや雷魚、ヤギ、イノシシなどを使った、本場でしか食べられないメニューもそろえた。

「(釜ケ崎の治安は)大丈夫?」と友人から聞かれることもあるビンさんだが、「友だちもたくさんいて住みやすいよ」と伝えた。

家庭の都合や、ガーさんとの結婚式の準備もあり、店は24年6月いっぱいで閉店。ビンさんはいったんベトナムに帰国した。

味とサービスでは負けない自信がある。しばらくして落ち着いたら日本に戻り、また店を開くつもりだという。

店の前に立つオーナーのビンさん（左）とガーさん

◎若い外国人

WAKAI GAIKOKUJIN

西成区によると、２０２３年度中に20歳になる区民のうち、37・１％にあたる３４５人（前年度より45人増）は外国人が占める。若い世代の外国人が増えているという。

◎地価高騰

CHIKA KOUTOU

インバウンド効果で、釜ケ崎やその周辺にはホテルや民泊が次々にオープン。西成区の土地の値段は急激に上がった。

観光客の人気を集める理由は、関西空港からのアクセスが良いことだ。旅行者に人気のある繁華街ミナミに近いうえ、ミナミや梅田より宿泊代が安い。

西成区では若い世代の外国人が増えている

新今宮駅と萩ノ茶屋駅の間を走る南海電車。なんば駅まで電車で数分という西成区のアクセスの良さが観光客の人気につながっている

西成署近くの地価を調べた。西成区萩之茶屋2丁目の77平方メートルの商業地の公示地価だと、いずれも元日時点で2013年に1平方メートルあたり17万3千円、コロナ前の20年に24万2千円、24年は23万9千円だった。

◎ベトナム人急増

VIETNAM-JIN KYUZOU

この数年、西成区で暮らすベトナム人は急増している。

大阪市によると、西成区在住のベトナム人は2018年3月末で1197人、21年12月末で2732人、22年12月末で2952人、24年3月末で3282人。

区内に日本語を教える学校がある、家賃が安い、

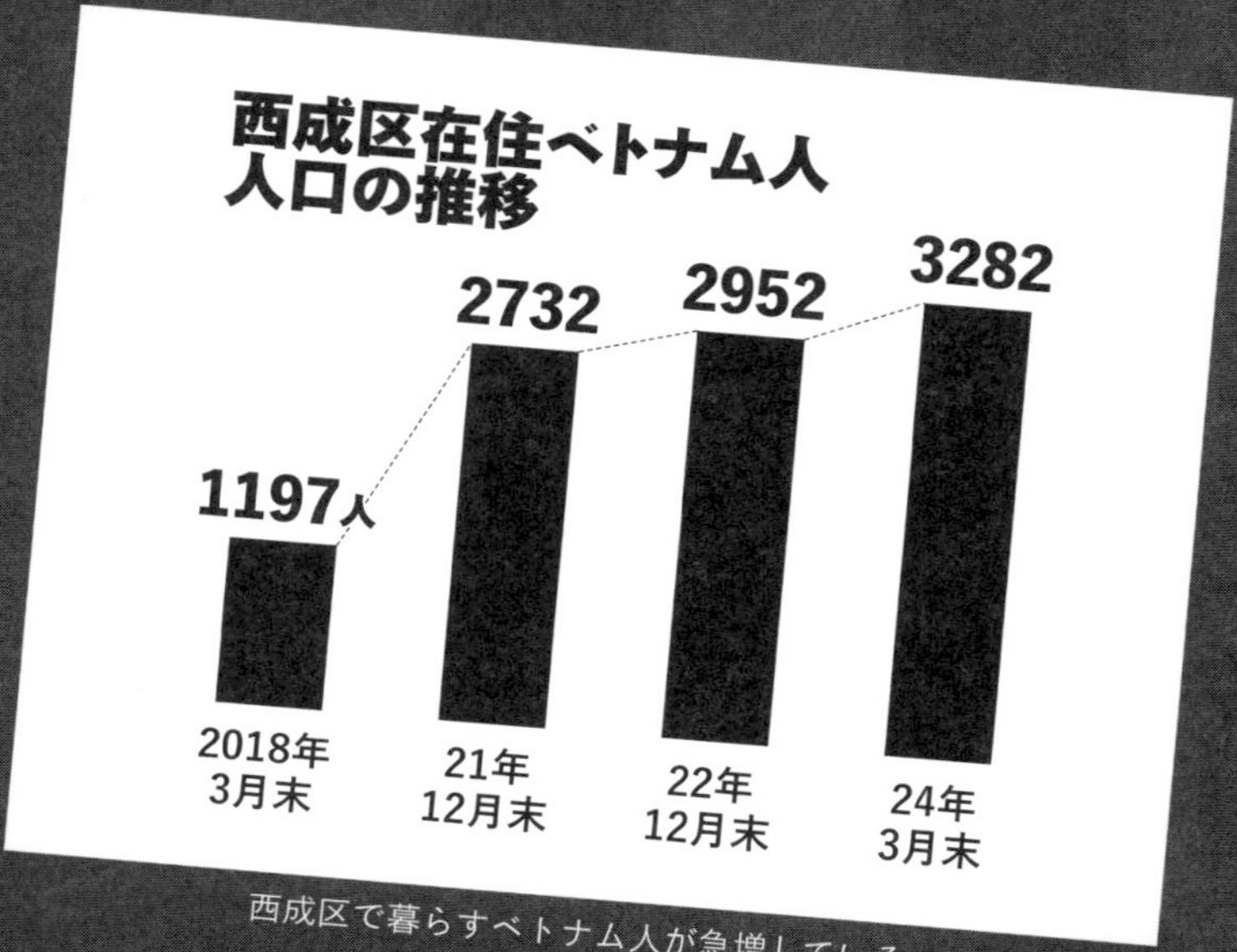

西成区で暮らすベトナム人が急増している

働き先のミナミに近い、すでに知人がいる、といった好条件が重なるためという。

23年2月には日本で暮らすベトナム人を支援し、交流を広げる目的でNPO法人「日越支援会」も設立された。もともと留学生として来日したベトナム人女性が事務局長で、西成に詳しい大阪公立大客員教授の水内俊雄さん（地理学）が監事を務める。西成の子どもたちにベトナム語を教え、翻訳や通訳の事業に取り組んでいる。

第8章

「支える」よそ者

三角公園で180回
炊き出し続ける「ワルビッシュ」
少年院の教えを胸に

釜ケ崎には、「へそ」ともいえる場所がある。

通称「三角公園」。テレビやトイレがあり、日雇い労働者や路上生活者らが集まる憩いの場所だ。

ここでは、曜日や時間を変え、複数の団体が炊き出しを続けている。

2023年6月29日の夕方にも、150人ほどの行列ができていた。

毎週木曜、ダルビッシュ翔さん（35）らのグループ「大阪租界」が始めた炊き出しに並ぶ人たちだ。翔さんは大リーグで活躍するダルビッシュ有投手（38）の弟。炊き出しはこの日でちょうど100回目を迎えていた。

黄色いタオルを首に巻いた大柄な翔さんが、牛丼をずんどうから皿によそっていく。

「おかわりはなしですよー」「食べ終わったら皿をごみ箱にお願いしまーす」。公園を

三角公園で炊き出しを行うダルビッシュ翔さん（中央）

回るスタッフの声が響いた。

スタッフは傷害や窃盗、覚醒剤使用などの容疑で逮捕された前科のある人が多い。

翔さんも逮捕歴11回。最初の逮捕は14歳のとき。中学校内での傷害容疑だった。直近は15年で26歳のとき。野球賭博を開いた容疑で、大阪府警で暴力団捜査を専門とする捜査4課の取り調べを受けた。懲役2年4カ月執行猶予5年の判決を言い渡された。

大リーガーの兄や、周りの人たちに迷惑をかけるワルの弟。「ワルビッシュ」とも呼ばれた。

過去に罪をおかした自分や仲間が、ど

ダルビッシュ翔さんらによる100回目の
炊き出しのメニューを紹介する看板

う社会に関わっていくか。翔さんが仲間と相談し、行き着いたのは炊き出しだった。

「えらそうに完全に更生したと言い切れるかわからんけど、自分も仲間も現状はここにある。コンプライアンスに厳しくなった社会の中で、世間にも地元にもそれを示したかった」

最後に逮捕されてから9年が経つ。

「建設の仕事、炊き出し、ユーチューブ配信と忙しくしていたし、兄貴も含めて周りに心配をかけてきたから。善人になったとは言わんけど、昔の自分なら炊き出しとか考えなかった」

炊き出しは、賛同する個人や企業に食材を寄付してもらい、調理や配布、片付けまですべてボランティアで担う。

料理を配っている間に手の空いたスタッフが公園のごみを拾う。

初回の21年7月29日はニンニク入りカレーライス。その後は、麻婆豆腐丼、豚ショウガ焼き、鶏キムチ丼、カボチャシチュー、白みそ雑煮……。

飽きられないよう、変化をつけている。雨の日でも50人ほどが行列をつくる。

「同じ曜日、同じ時間にやるのが大事。『次の木曜までまた頑張るか』って気になってくれたらうれしいからね」

「良い意味でドライな空気感」

もともと釜ケ崎にはなじみがなかった。生活に困った人たちのために続けられてきた炊き出しが、コロナ禍でやりづらくなったと聞き、「それなら小回りがきく自分たちがやろう」と思い立った。

失敗して周りの信頼を失い、社会からはじかれた経験のある自分たち。そんな経験をしている分、しんどい思いをしている人に手を差し伸べることができるのではないか。そんな思いもあったという。

実際に釜ケ崎に通うようになり、「様々な人たちがいて人なつっこい人もいるけど、良い意味でドライな空気感もあるな」と感じた。

お互いに顔はわかるが、どこで何をしているかまではあまり踏み込まないからだ。

「おっちゃん久しぶりやな。元気なんか」「元気やで」

名前は知らない常連たちと、炊き出し中に言葉を交わす。

「うまかったよ。ありがとうな」「ごちそうさん。またな」

少年院にいたとき、教官が「本物は続く。続けば力になる」と口にしていた。翔さんは炊き出しも同じだと考えているという。

100回の節目でも、特にセレモニーはなかった。その後も淡々と回を重ね、24年末で180回近くになった。

三角公園で炊き出しを続けるダルビッシュ翔さん
（画像の一部を加工しています）

思い出も遺影も……
2千人を撮った男性
気づいた「外の人」の目線

「思い出写真」「証明写真」

年末年始の5日間、壁の板にそんな貼り紙がされたテントが釜ケ崎の「三角公園」に設けられていた。無料の「釜の写真館」だ。

カメラを手に希望者を待つのは、奈良県王寺町の石津武史さん（81）。

2023年12月30日から24年1月3日までに延べ225人を撮影。思い出づくりの撮影は200人、25人は証明写真だった。

石津さんは05年に長く営んできた写真店をたたんだ。それ以降、趣味で下町の撮影を始め、西成に通いだした。

路上でぐっすり寝ている人、朝から酒を飲んで歌っている人。カメラを向けると嫌がる人は多いが、他の地域では見かけない光景を撮影できた。西成労働福祉センター

仮設テントの「釜の写真館」で撮影希望者を待つ石津武史さん。
かつて写真館で撮影した人たちの写真が展示されている

に集まる日雇い労働者らも撮影した。

そのうち年末年始とお盆シーズンに越冬闘争や夏まつりを実施する有志の実行委員会メンバーと知り合い、自らも実行委に加わった。自分が何か手伝うことができるなら、写真ではないかと思った。

実行委にいれば釜ケ崎の人たちに密着でき、「外の人」には難しい写真も撮りやすくなるのではないか。「少しやましい心もあったが、カマの人たちや暮らしぶりを知るほど、逆に撮りづらくなった」

以前はほかの街では見かけないコマを狙ったが、釜ケ崎を知れば知るほど、カマの人たちの目線と、「外の人」の目線に違いがあることにも気付いた。

「釜の写真館」で撮影した石津武史さんの写真。2017年度の酒田市土門拳文化賞に選ばれた＝石津さん提供

「昼から路上で寝込む人の写真を見て、カマを知らない人はつらくかわいそうやと思うでしょう。本人はほろ酔いで眠気がきて、ええ夢をみているかもしれない。みんな悩みがあっても、わりとあっけらかんやから」

いまではあえて「とがった写真」は撮らない。一方的な見方を広げ、差別を生まないか心配になるからだ。

「マイナーな要素を強調して再生回数を増やすようなユーチューバーとは、発想が全く逆なんかな」

越冬闘争と夏まつりの時期に合わせ、09年夏から「写真館」を始めた。最初は証明写真だけ。すぐに希望されて思い出写真も加えた。

写真館に来た人には、名前も出身地も聞かない。聞いたこともあったが、事情があって西成に来た人が多いとわかったからだ。「故郷をなくしたり捨てたりした人が、正月やお盆に西成に残る。そういう人に名前や出身地を聞くほうがおかしいと気づいた」

これまでの撮影は2千人を超えた。うち30人の写真は17年度、山形県酒田市が主催する「土門拳文化賞」に輝いた。

遺影も「構えない写真」で

思い出写真は、相談しながら好きなポーズをとってもらう。

野球帽や首に巻いたタオル、顔のばんそうこうやサングラスも外さない。飲みかけのコップ酒や吸いかけのたばこも手にしたまま。

はだけたシャツも直さず、連れてきたペットも一緒に、「普段のまま撮ろうよ」と呼びかける。そのほうが「元気のええ写真」になるという。

決めポーズは様々だ。目をつむり合掌、顔の前でダブルピース、高倉健さんばりに「おひけえなすって」、阪神タイガースのユニホームでバットを振るしぐさ、2羽のインコを頭に載せて——。

照れていても、壁に貼られた他の人の写真を見てスイッチが入る人が多いという。遺影を頼む人も少なくない。そのときも構えない写真を薦めている。

「遺影にふさわしいのは、その人が人生のうちで一番輝いているときの写真。元気で生きていた証しになってほしくて」

24年1月2日夕、8年ほど前から毎年来ているという50代男性が訪れた。2日前の大みそかには普段着のポロシャツで写真を撮ってもらったが、今度はネクタイを締めて就職活動用の証明写真をお願いした。「今は生活保護だが、この写真で一歩踏み出したくて」

撮影が終わり、「いつもありがとう!」と笑顔で立ち去った。

「釜の写真館」の前に立つ石津武史さん。
思い出に残す記念写真のほか、
証明写真の撮影も受け付けている

Keyword

◎不法投棄対策

FUHOUTOUKI TAISAKU

2013年度に始まった西成特区構想の一環として、西成区は釜ケ崎の路上や公園への不法投棄対策を強化した。かつては日雇い労働者らが集まる「三角公園」に多くのテントが並び、壊れた冷蔵庫や自転車、木材などが積み上げられていた。

区によると、釜ケ崎で14年度に一般ごみ1362トン、産廃1509立方メートルを撤去。23年度はそれぞれ556トン、528立方メートルまで減った。

2016年当時、「三角公園」には、
テントが並びごみが散乱していた＝西成区役所提供

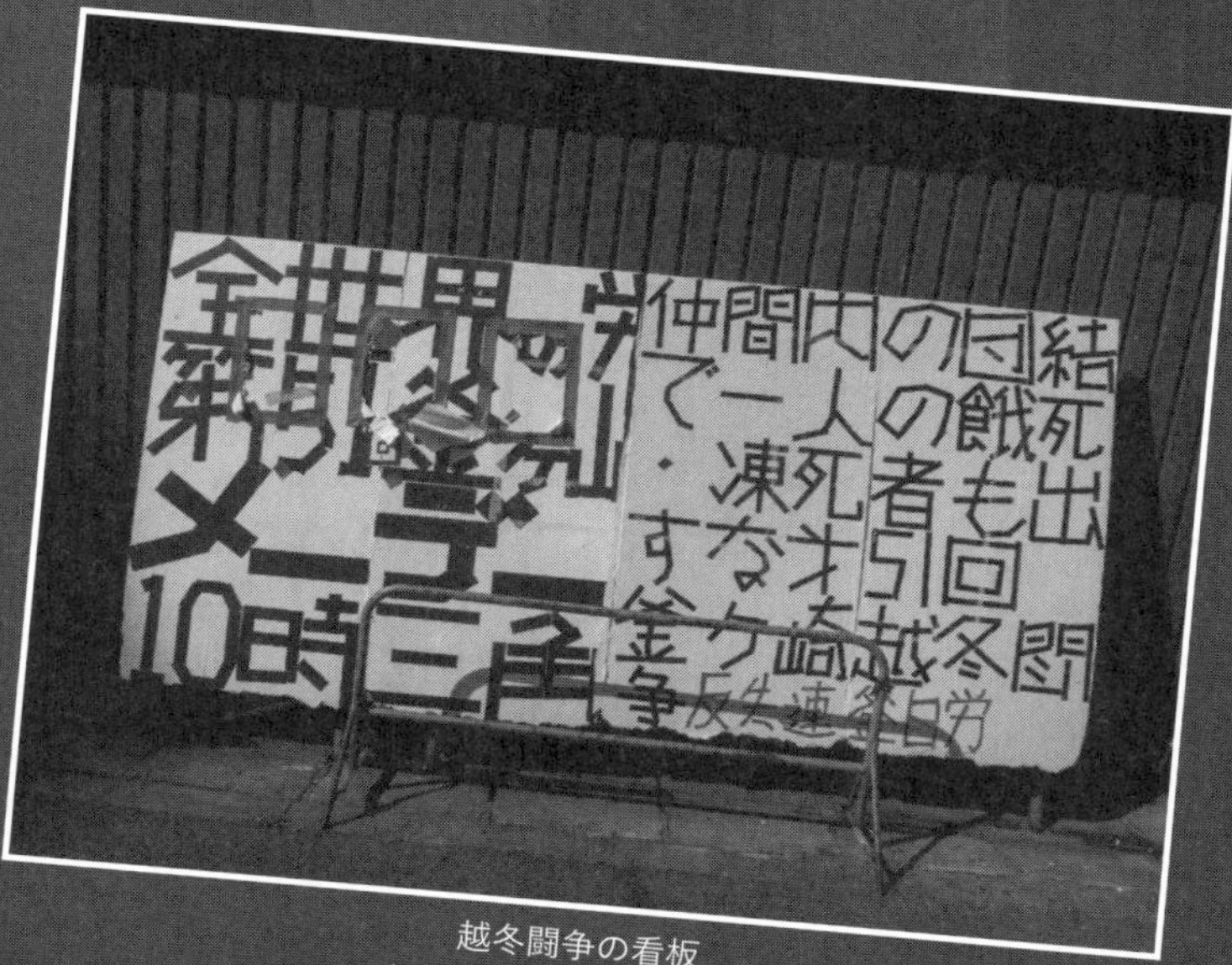

越冬闘争の看板
＝新今宮ワンダーランド提供

◎越冬闘争と夏祭り

ETTOU-TOUSOU &NATSUMATSURI

日雇いの仕事がなくなる年末年始とお盆シーズンに、事情があって故郷に戻れない労働者らを対象に、釜ケ崎の三角公園で開催される。有志でつくる実行委員会が実施する。

越冬対策は１９７０年末、釜ケ崎の花園公園で開始。同年9月に大阪万博が終わって日雇い仕事が減ったこともあり、簡易宿所にいられなくなった人たちが増え、有志が炊き出しや屋外の寝場所確保に取り組んだのが始まりだった。

72年から続く夏まつりは、のど自慢や相撲、綱引き、盆踊りなどを楽しむ。亡くなった仲間を追悼する祭壇も設けられる。

第9章

一つの区切り

野宿者を強制退去 機動隊ら500人

「一時代が終わった」

国内最大の日雇い労働者のまち釜ケ崎で、雇用対策の中核だった「あいりん総合センター」。施設が閉鎖後も、敷地で野宿していた人たちの強制退去が2024年12月1日朝から始まった。「釜ケ崎の象徴」と言われた施設は解体・建て替えの予定で、まちの風景は大きく変わりそうだ。

土地を所有する大阪府が明け渡しを求めた訴訟で、5月に路上生活者側の敗訴が確定。府側が申し立て、大阪地裁が強制執行した。

大阪府市や府警の関係者によると、この日の執行に関わったのは、府市の職員のほか、府警の機動隊員ら総勢500人以上。

午前7時前に行政職員や機動隊員らが到着。ふだん10人以上の野宿者がいるシャッター前の道を通行止めにし、「これから強制執行します。移動をお願いします」と呼び

あいりん総合センター前の野宿者を強制退去させるため、
バリケードの資材を運び込む人たち
=2024年12月1日午前7時5分、西成区

かけた。

その後、執行官に付き添われ、高齢の男性が段ボールやブルーシートで覆った寝場所から出てきた。

センター周辺には誰かが不法投棄した冷蔵庫や洗濯機、タンスなどが積み上がっている。

職員たちは次々に収集車にこれらのごみを積み込んだ。巨大な釜や簡易トイレなどもクレーンでつり上げ、トラックで運び出した。

現場には野宿者の支援グループが駆け付け、「道を開けろ。おかしいやないか」などと抗議を続けた。

退去を求められた高齢男性は「まだ

バリケードの資材を搬入する人たち
=2024年12月1日午前7時11分、西成区

どこに行くかなんて考えられない。いきなりのことだから」と話し、集めていた空き缶を台車に載せて運び出した。

別の70代男性は取材に「急に入ってきて『すぐに退《の》いてください』と言われた。１週間あれば荷物もきれいに整理できるのに乱暴すぎる。急に出ていけってあるか」と声を荒らげた。

センター前に止められた支援グループのバス内で半年ほど暮らしていた60代男性も退去を求められた。強制執行の予感はあり、「いよいよかという思い。万博を控えているから今年中にごみを撤去したかったんやろうね。外国人観光客も多くなったし、時代の流れかな」と語った。

過去、西成では、日雇い労働者らによる暴動が繰り返されてきた。

こういった歴史も踏まえ、今回、行政や警察は大がかりな態勢を敷いたとみられる。

釜ケ崎では１９６１年から２００８年にかけて24回の暴動が起き、多くの負傷者や逮捕者が出た。

行政や警察への不信感、仕事にあぶれた不満、劣悪な労働環境、横暴な手配師など、様々な背景があり、何かの引き金で一気に爆発した。

「あいりん総合センター」は、１９６１年の第１次西成暴動を受け、路上で労働者を募る青空労働市場を監督するため、国と大阪府・大阪市などが70年に建てた。

センターには、その日の仕事を求めて労働者が集まる「寄せ場」や無料・低額で診療する病院施設などがあった。

労働者たちが交流する「よりどころ」だったこともあり、「釜ケ崎の象徴」と言われてきた。

だが耐震性に問題があることが分かり、２０１６年に労働施設を仮移転した上で現地での建て替えが決まった。

19年に労働施設部分が閉鎖したが、その後も路上生活者らがシャッター前にブルーシートや布団を持ち込んで寝泊まりを続け、解体作業が始まっていなかった。

万博と強制執行

西成取材が長いジャーナリストの大谷昭宏さん(79)は「一時代が終わった」と感想を語った。

午前7時ごろから始まった強制執行は、大阪府市の職員と府警の機動隊、総勢500人を超える態勢が敷かれた。

壁の外から地元住民らが作業を見つめ、野宿者を支援する団体の一部は「道を封鎖するな。警察帰れ」と声をあげた。

現場で様子を見守った大谷さんは、強制執行のタイミングについて、「大阪・関西万博を控え、野宿者は行政の見栄のために排除されるという思いが募るんじゃないかな。そうなればお互いにとって不幸」と漏らした。

大谷さんは、新聞記者として西成を担当していた1970年代と比べ、「警察や行政に対して厳しくあたる人たちがいるのは変わらない。でも、もめ方はかなりソフトになった印象がある」との感想を語りつつ、「一部の人たちの抗議ではあるが、センター開設から半世紀以上経ってもそういう状態であるのは寂しいことだ」。

　退去を迫られた野宿者たちの半数は行政の誘導で集会所に行くのを拒み、両手に荷物を持ったり、台車いっぱいに荷物を積んだりして移動していった。

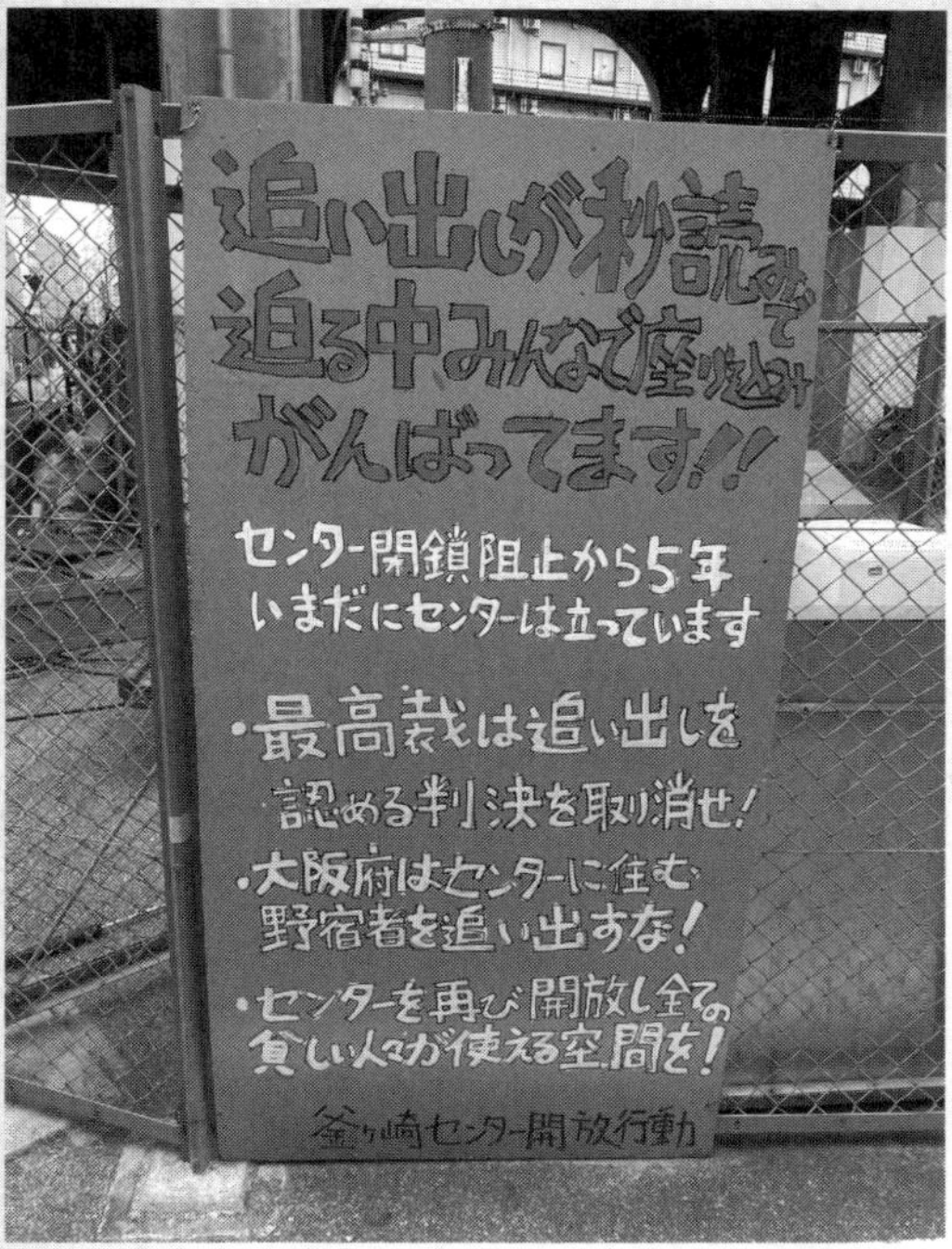

あいりん総合センター付近に掲げられた看板。「野宿者を追い出すな！」と記されていた＝2024年10月17日、西成区

　行政側は野宿者たちに、マンションへの移住と生活保護の受給を勧めてきたが、それを拒んでいる人も少なくない。

　大谷さんは「行政職員も説明は尽くしているとは思うが、家族や地域のあらゆるしがらみもかなぐり捨ててきた人たちもいる。ある種の優しさが求められる」と語った。

釜ケ崎は高齢化や人口減が進み、日雇い労働者の人数も年々減っている。その中でも「あいりん総合センター」は2019年まで労働者のよりどころとして機能した。「日本一の日雇い労働者のまちであるカマで、働き終わった高齢者をこれからどう守っていくのか。身寄りがなくて終のすみかにする人が多くいる中で、福祉面で切り捨てることがないようにしてほしい」と語った。

大谷さんは読売新聞の記者として西成暴動を10回以上取材。日雇い労働者らが集まりだすと、作業着姿でその中に交ざった。

72年には記者であることを伏せ、センターで日当1900円を掲げる手配師に付いていき、製鉄所の劣悪な労働現場に潜入。ピンハネの実態を連載後、センター近くで同じ手配師に出くわして追いかけられた経験がある。

「センターは思い出深い場所。強制執行と解体はセットであり、一つの時代の終わりだよね」

「カマの生き字引」とも言われる水野阿修羅さん(76)も強制執行の様子を見守った。「センターに行けばみんなに会えた。私らにとってよりどころであり、情報交換の場として愛されてきた」と振り返る。「私のように建て替えて新たな施設が早くできたほうが良いと考える人もいれば、このまま残すべきだという人もいる。センターはまさに『カマの象徴』。それぞれ愛着があるからこそ意見の違いも出てくるよね」

21歳のときに釜ケ崎に来て、日雇い労働をしながらまちの研究を続けてきた。

「この時期に執行するのは万博を意識しているのだろう。今後、どのように解体工事を進め、新施設の建設を進めるのか、地元にきちんと説明してほしい」と求めた。

終章

まちのヒーロー

「兄弟」で地元散歩

SHINGO★西成さん 赤井英和さん

ラッパーのSHINGO★西成さんは、元プロボクサーで俳優の赤井英和さん(65)を親しみを込めて「兄ちゃん」と呼ぶ。年は違えど、ともに生まれ育ったのは釜ケ崎。快晴の2024年7月末、「大阪で一番ディープなまち」とも呼ばれる地元を2人に歩いてもらった。

赤井さんの自宅は、釜ケ崎の大通り沿いにあり、両親は近くの今池市場(閉鎖)で漬物店を長く営んでいた。

近畿大在学中の1980年にプロデビューした赤井さんは、12連続KO勝ち。「浪速のロッキー」と呼ばれ、地元の今池本通商店会や今池市場の人たちは後援会を作り、試合のたびに観光バスで応援に駆けつけた。

83年には世界タイトルに挑戦。敗れはしたが、小学生だったSHINGOさんに

「三角公園」で思い出を語る赤井英和さん（左）。
右は赤井さんを「兄ちゃん」と慕うラッパーのSHINGO★西成さん

とって、赤井さんは「まちのヒーロー」だった。

2人は、応援してくれた今池本通の商店街を訪問。地元の人たちは、突然の来訪にびっくりしつつ、涙ぐみながら赤井さんとハグを交わした。

それを見たSHINGOさんは「やっぱり兄ちゃんはヒーローや」と語った。

2人は日雇い労働者らが集まる「三角公園」や、赤井さんが少年柔道教室に通っていた西成署なども回り、思い出を語った。

酷暑なので途中途中で休憩。知り合いの喫茶店で涼んだり、ビールで乾杯

三角公園は、赤井英和さん（右）にとっては「原点」であり、
SHINGO★西成さん（左）にとっては「一番人生で緊張するステージ」という

したりしながら、まちの人との会話を楽しんだ。

赤井さんと同じ小学校、同じそろばん塾に通った縁もあるSHINGOさん。小学校低学年の頃、銭湯で赤井さんと会話したことがあったという。

深い湯船でゼンマイ式の潜水艦のおもちゃで遊び、大人の股の間をくぐらせていた。

すると赤井さんから「何してんねん。わきまえろ」と叱られ、「あかんことなんや」と学んだという。赤井さんは「まったく覚えていない」と振り返った。

赤井英和さん特別インタビュー

洗面器に救われた命、地元愛の原点に

赤井英和さんは西成区で生まれ育ち、「自分のどこを切っても大阪、西成、釜ケ崎」と言い切る。「浪速のロッキー」の愛称で親しまれたまちのヒーローだが、「西成愛」の原点には、近所の銭湯のおかげで命が救われた経験があった。

――どんな子ども時代を過ごしましたか。

生まれ育ったのは釜ケ崎。4軒長屋の端っこやった。隣は銭湯、向かいは駄菓子屋。まさに漫画の「じゃりン子チエ」の世界。下町情緒というか。

隣の銭湯は今池湯(現在は廃業)。家族風呂のようだった。

お父ちゃんがひげそりを忘れると、前をタオルで隠して路上に出てくる。「英和、カミソリどこや?」って。シャボンつけたまま。大通りに面していて人通りもあるのに。

まだよちよち歩きの頃、いわば銭湯のおかげで命を救われたことがあった。おばあちゃんが家の2階で洗濯物を干していたとき、足元につきまとっていて柵の隙間から落ちた。屋根を転がってから銭湯に来たおばちゃんの洗面器にスポンとハマった。幼かったから自分の記憶にはない。「感謝せなあかんよ」って、両親やおばあちゃんらに繰り返し言われてきた。

――家業は何かされていましたか。

家から歩いて数分の商店街にある今池市場の一角で漬物屋をやっていた。今はスーパー玉出になっているところが市場だった。お父ちゃんの名を取り、店名は「赤井五郎商店」。

主にお父ちゃんが野菜の買い付けと製造、お母ちゃんが接客を担当していた。9歳上の姉、6歳上の兄、そしておれが夕方に店じまいを手伝った。

放課後に公園で野球をやっていて打順が回ってきても、夕方5時半になると店に向かった。家族経営の店だし、手伝うことは当たり前だった。

夕食のテーブルにはいつも7、8種類の漬物が我が物顔に並んだ。白菜、きゅうり、

家族経営の漬物店の店先に立つ赤井英和さんと母親の久栄さん。
赤井さんは近大在学中でプロボクサーとして活躍していた
=1982年5月、西成区の今池市場

当時を振り返る赤井英和さん

福神漬け、しゃくし菜とか。献立のメインのはずのコロッケやカレーライスは肩身が狭い感じだった。

漬物屋があった商店街は今、シャッターが閉まっている店もそれなりにあるし、中国人経営のカラオケ居酒屋がぎょうさん。

昔はシャッターが閉まった店なんかないし、雑多で地元色の強い商店街やった。手芸店とか、総菜店とか、菓子店とか。この商店街で何でもそろう感じだった。

――どういう小学生だったんで

すか。

自宅のある西成区でなく、隣の阿倍野区の小学校に通っていた。クラスでも成績は上位。学級委員もしていた。

小学5、6年生のときは西成署の少年柔道教室に通っていた。一度だけ怖い思いをした。ふだん優しい先生がニッカボッカ姿の労働者を投げ倒し、締め上げているのを見た。いきさつがあってのことだろうけど、子どもにはわからんかった。少年の教室が始まるときは元の先生に戻っていたが、「この先生、怒ったらこわっ」と思った。

――中学生のときは荒れていたとか。

地元の今宮中学校（現在は小中一貫校になり、愛称校名は「いまみや小中一貫校」）に入った。入学式から別のクラスのやつとケンカ。ほとんど地元のいくつかの小学校から来ていて、最初からグループができていた。

おれは違う小学校から来たから友だちがいない。仲良くなるきっかけを作るためにケンカしていた。そのうち他校にも遠征し、「一番強いやつとやらせろ」と迫った。

ごんた（やんちゃ）やったから両親にいっぱい迷惑をかけた。中学では柔道部。空手道場にも通っていた。

ブルース・リーの映画がはやっていて、ヌンチャクや横蹴りを練習した。校内の個室トイレの仕切り板を横蹴りでぶち破った。男子トイレを終えると、女子のほうもすべて壊した。あと、傘をダーツのように黒板に突き刺したこともあった。

暴動が相次いでいた時代やったし、学校のトイレ破壊は過激派の関与が疑われた。駆けつけた警察官が足形を取り、「赤井の仕業」と特定された。両親が呼び出され、弁償になった。

昼休みになると、しょっちゅう仲間と塀を越えて抜けだし、近くの中華料理屋に行っていた。校内でパンを買うより良かったからね。見回りの先生が来ると、店のおばちゃんが教えてくれる。それで急いでたばこを隠して。おおらかな時代やった。

赤井さんは高校時代、地元にある「三角公園」で人生が変わったという。日雇い労働者らの憩いの場となってきた公園での、ある出来事がなければ、プロボクサーや俳優の道もなかったと振り返る。

――赤井さんが小中学生だった1960年代後半から70年代初め、西成では暴動が相次いでいました。

毎年のようにね。お父ちゃんから「外に出るなよ」と念を押されていた。家の2階の窓を少しだけ開けてその隙間から外をのぞくと、よく見かける日雇い労働者のおっちゃんたちが投石したり、機動隊ともみ合って血を流したりしていた。

——まさに日雇い労働者のまちだったと。

そうやね。あの頃よりだいぶ人数も少なくなったし、高齢化したんやろうけど。一緒に住んでいた母方のおばあちゃんは90歳過ぎまで生きた。年齢がいってもニコニコしながらよく家の前の道をはいていた。80年に亡くなり、家で葬儀をした。おれが20歳のときやった。

「お宅のおばあちゃん、亡くなったんか。いっつもあいさつしてくれたんや」。ニッカボッカ姿の日雇い労働者たちも参列し、10円とか、50円とかの香典を置いてくれた。長く釜ケ崎で暮らし、色んな人に愛されていたんやなあ。そう感じたわ。

——地元の人たちが集まる三角公園はその頃どんな雰囲気でしたか。

たくさん日雇い労働者らが集まっていた。それで酒を飲みながらずっとしゃべっていて、騒いでもいた。

フィリピンの選手を攻め続け、KO勝ちした赤井英和さん。当時22歳だった=1982年5月、大阪市浪速区の大阪府立体育会館

おれの人生を変えた場所でもある。浪速高校1年のとき留年した。「年下の連中と一緒なんてやってられるかい」。部活をやめるだけじゃなく、高校も中退しようとした。そうしたらボクシング部の顧問が家を訪ねてきた。

お母ちゃんやおばあちゃん、仏壇のご先祖様もいる中で、ぼこぼこにどつかれた。大慌てで裸足で逃げ出した。「待て！この野郎」。顧問も裸足のまま追いかけてきた。

それで約200メートル先の

三角公園でつかまり、ベンチで諭された。「高校の間ずっと面倒みるって言ったやろう。おれを信じろ」って。

長かったけど、どれぐらいの時間やったんかなあ。あの熱い説得がなかったら高校をやめていたし、ほんまにヤクザとかになっていたかもしれん。プロボクサーや俳優の道もなかった。

――高校時代から地元のジムでも練習していたとか。

西成の天下茶屋にあった長屋の1階をつぶして造った小さな愛寿ジム（のちのグリーンツダジム）があった。4畳半くらいのリング。日曜大工のようなもの。会長はタクシー運転手で稼ぎながら2日に1回、教えてくれた。そこでプロで一番の武器になった左ストレートを磨いた。

その恩義があるからこのジムでプロデビューしたかった。東京の名門ジムからも誘われていたけど、おれの原点はここやと思ってね。

――釜ケ崎の長屋にはいつまでいましたか。

地下鉄堺筋線の延伸工事により、我が家も含めこの辺の長屋が立ち退きになった。85年のこと。おれはこの年の2月の試合を最後に引退した。今池本通商店会や今池市場

スーパー玉出天下茶屋店の場所には、かつて赤井英和さん（左）一家が暮らした長屋があった。右はSHINGO★西成さん

の皆さんが後援会を作ってくれた。立て看板や横断幕も用意してくれた。

釜ケ崎に住み、商売もしていた縁で、みんなに良くしてもらった。久しぶりに来ても覚えていてくれる。ずっと感謝、感謝なんです。

立ち退き後、お父ちゃんが選んだ引っ越し先はすぐ近く。なぜか飛田新地の元遊郭を買い、大改装した。やっぱり離れたくなかったんやろうね。お父ちゃん、続いてお母ちゃんが亡くなって、最近売ってしまったけど、それまでそこが実家やった。

漬物屋も引っ越しと同じ頃に閉めた。祖父母の代から70年くらい続いた店やったんやけど。後継者もおらんし。

——赤井さんにとって釜ケ崎はどんなところですか。

もう東京に住んで30年くらいになるけど、カマは生まれ育ったところやから居心地がええ。ジャージーにサンダルでどこでも行ける。まったく気を使わん。

このまちには独特のにおいがある。そこがまたええ。ちょっと小便くさい路地を歩くと、「ああ帰ってきた。やっぱりここはええなあ」と思うんよ。

赤井英和さんの歩み

あかい・ひでかず　西成区出身。浪速高校に入学し、ボクシングを始める。近畿大在学中の1980年のプロデビュー以来、12連続KO勝ち。強打を誇り、「浪速のロッキー」の愛称で親しまれた。83年の初の世界タイトル挑戦（ジュニアウエルター級）でTKO負け。復帰をかけた85年の世界前哨戦に敗れ、意識不明の重体に。この試合を最後に引退した。プロ戦績は19勝（16KO）2敗。89年に映画「どついたるねん」で俳優デビュー。映画「119」で日本アカデミー賞優秀主演男優賞を受賞した。65歳。

Keyword

いまみや小中一貫校

IMAMIYA SHOUCHUU

西成区の活性化とイメージアップのため、大阪市長だった橋下徹氏が提唱した「西成特区構想」により2015年に開校した。子育て世代を呼び込む狙いで、同区の今宮、萩之茶屋、弘治の3小学校を統合し、新今宮小学校が誕生した。今宮中学校の敷地内に併設され、大阪市立では3校目の小中一貫校になった。

いまみや小中一貫校

【西成SAMPO2】

赤井英和さんとSHINGO★西成さんが釜ケ崎を歩く動画「西成SAMPO2」をYouTubeで配信しています。QRコードからご覧ください。

https://www.youtube.com/watch?v=NJ44erThxLg

あとがき

「爆音とともに地面が揺れたんや」。地元のおっちゃんが興奮していたのを覚えている。

２０１０年10月。大阪府警が釜ケ崎の賭場にダイナマイトを仕掛けて爆発させ、捜査員が突入した。

何かあると感づいていた数人の記者がいたが、少し遠ざけられていた。

約１００人の客が頭の後ろに手を組まされ、捜査員に先導されて西成署まで歩いていた。

「すごい光景やなあ。ここは日本なのか」。ショックを受けた。

賭場では、客にカレーライスを無料でサービスしていた。年明けにはたる酒や餅も振る舞われた。

そうやって居心地の良さを作り、客を集めていた。客は、生活保護を受給する地元

競輪や競艇のヤミ券売り場に捜索が入り、西成署に連れて行かれる客たち
=2010年10月6日、西成区萩之茶屋3丁目

の高齢者が多く、保護費が違法なノミ行為に消えていた。

私は当時30代半ば。何度も釜ケ崎に通い、釈放されたおっちゃんらに話を聞いた。

なぜこのまちに来たのか。どんな暮らしをしているのか。違法だとわかりながら、なぜ賭場にはまったのか。

「兄ちゃんに言うてもわからんやろな」。よく言われた。「外の人」に気持ちを推測されたくない感じだった。

それから10年以上が過ぎた22年。7月の参院選に向けた課題を考える取材で釜ケ崎に通うことになった。

不況の波が真っ先にくる。日本の社会問題の縮図がそこにある。

そう言われている釜ケ崎を、選挙企画で取り上げられないか。同僚の矢島大輔記者に誘われ、再びまちを歩き始めた。ホルモンの名店や開店したばかりのベトナム料理店を食べ歩いた。

本書に登場する水野阿修羅さんにまちをガイドをしてもらった。まだ夕方前なので喫茶店に入ろうとしたら、阿修羅さんはスタスタと居酒屋グランマ号へ。迷わず生ビールを飲み始めた。「カマの取材はこんな感じやったな」と思い出した。

賭場の事件を取材した頃と明らかにまちは変わった。まず路上にいる人が減った。高齢化と人口減が進んでいるとは聞いていたが、それを実感した。

三角公園のごみの山が消えた。路上にあふれていた放置自転車も目立たない。ホームレスもあまり見かけない。

酔って路上で寝ている人や、上半身裸で歩いている人は少なくなった。平日の日中は違法露店もほぼ見かけなくなった。

逆に、目に見えて増えたのは、遊びに来た若者や撮影に来たユーチューバー、海外のバックパッカーだった。10年余りで大きく変わるもんやなと思った。

私と矢島記者の筆があまりに遅く、選挙企画には間に合わなかった。ボツにしてしまうと、生き様を話してくれた人たちに申し訳ない。

ちょうど23年は西成特区構想が始まって10年の節目だった。労働、福祉、観光の3テーマで特集したいと、担当の坂本泰紀デスクに相談した。

デスクの返事は「カマをやるなら中途半端じゃなく、じっくり腰を据えた連載にしましょう。各回の主人公を決め、まちの風景の変化を語ってもらってはどうでしょうか」だった。

たしかに外の人間がカマを語るのは恐れ多いし、嫌がられる。賭場事件の経験を思い出し、なるほどなあと感じた。

これで逃げられなくもなった。言い出しっぺの矢島記者と取材・執筆した原稿は、朝日新聞デジタルで20回を超える連載となり、そして、この本ができた。

釜ケ崎の皆さん、取材にご協力いただいた多くの方々に深く感謝いたします。

２０２５年　市原研吾

市原研吾（いちはら・けんご）
記者になって四半世紀余り。朝日新聞社入社後、福井、和歌山、兵庫、大阪で主に事件を担当。投資詐欺や組織犯罪の取材に力を入れる。現在は大阪社会部の遊軍（何でも屋）。ダイナマイトを使った「ノミ行為」摘発の取材がきっかけで釜ケ崎かいわいに通うようになった。

矢島大輔（やじま・だいすけ）
2007年、朝日新聞社に入社。秋田、東京、沖縄、大阪で勤務。伝統的な祭りや習俗、経済事件、教育、災害、沖縄の基地問題などを取材。24年からは東京社会部で、防衛省・自衛隊を担当している。ディープな世界に関心があり、西成に通うことに。ほかに、市原記者との連載「探られた裏アカ〜就活の深層」がある。

西《にし》成《なり》DEEPインサイド

2025年2月28日　第1刷発行

著者　市原研吾　矢島大輔
装幀　坂野公一（welle design）
装画　NOZOMI
図版　鈴木愛未（朝日新聞メディアプロダクション）
編集　白石圭

発行者　宇都宮健太朗
発行所　朝日新聞出版
〒104-8011
東京都中央区築地5-3-2
電話　03-5541-8832（編集）
　　　03-5540-7793（販売）
印刷所　株式会社光邦

Published in Japan by Asahi Shimbun Publications Inc.
ISBN 978-4-02-252037-1